당신은 이미 읽혔다(개정판)

당신은 이미 읽혔다

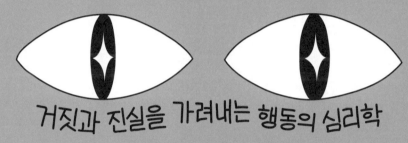

거짓과 진실을 가려내는 행동의 심리학

앨런 피즈 · 바바라 피즈 지음

황혜숙 옮김

THE DEFINITIVE BOOK OF BODY LANGUAGE

흐름출판

몸짓 언어를 안다는 것은, 당신의 인간관계가 긍정적으로 변한다는 의미다

우리는 전례 없는 상황을 맞닥뜨렸습니다. 이 책을 처음 출간하던 때만 해도 상상도 해보지 않았던 일이 일어난 것이죠. 그 당시만 해도 상대의 눈빛, 표정, 행동 등 모든 것을 상대의 속마음을 간파할 수 있는 단서로 볼 수 있었습니다.

하지만 코로나19로 많은 것이 변했습니다. 마스크를 착용하면서 그 사람의 표정을 읽기가 힘들어졌고, 컴퓨터 화면 너머로 소통하는 업무 방식 탓에 그 사람의 발끝이 어디를 향하는지, 상대가 다리를 꼬고 있는지 등을 전혀 파악할 수 없게 되었습니다. 서로 다른 몸짓 조합들로 언어의 미묘함을 해석하는 것에 큰 제약이 생긴 것입니다.

이러한 시대의 흐름에도 '이 책이 여전히 유효할까?' 의문이 드는 독자들도 많을 거라 생각합니다. 하지만 그럼에도 '여전히 몸짓 언어를 알고 있는 것은 타인을 이해하는 데에 큰 도움이 될 것'이라 말할 수 있습니다. 몸짓 언어를 읽는 방식이 새롭게 진화했을 뿐 그 영향력은 여전히 거대하기 때문이죠.

몸짓 언어는 우리가 직접 대면하여 주고받는 메시지의 60~80퍼센트를 차지합니다. 대개는 '말'로 화자가 의도를 전달한다고 생각하지만 말의 영향력보다는 보디랭귀지의 영향력이 더욱 큽니다. 그리고 90퍼센트의 사람들은 4분 안에 당신에게(혹은 당신의 의견에) 어떤 태도를 취할지 결정합니다. 결국 당신은 4분 안에, 최대한 긍정적인 몸짓 언어로 상대방을 설득하고 상대에게 신뢰를 주어야 한다는 뜻입니다.

사람들은 코로나19를 경험하면서 회의나 미팅, 수업 등을 온라인 영상으로 소화해 냈습니다. 그렇게 서로를 화면으로 마주하면서, 실제로 만났을 때는 절대 하지 않을 일들을 시도하기 시작했습니다. 화면 너머 상대방의 얼굴을 하나하나 뜯어 보다 심지어는 그 사람의 얼굴에 난 잡티, 점까지도 세세하게 분석합니다. 그의 움직임을 치밀하게 따라가기도 하고, 화면 뒤 작업실을 살펴보며 취향을 알아가기도 하지요.

그렇습니다. 이제 우리는 고작 상반신만 보이는 화면에서 상대를 자세히 들여다보고 그의 몸짓이나 언어나 태도를 읽는 방법을 터득할 필요가 생긴 것이죠. 반대로 말하자면, 우리에게는 화면에 비치는 자신을 제대로 드러내는 방법을 익힐 필요도 생겼다는 의미입니다.

《당신은 이미 읽혔다》는 대면 상황뿐 아니라 화상을 통해서도 몸짓

언어를 이용해서 라포를 형성할 방법을 알려줍니다. 화면 너머로 친구를 만들고 상대방에게 신뢰를 주고, 원한다면 자신을 카리스마 있는 사람으로 보이도록 꾸밀 수도 있습니다.

몸짓 언어는 인간이 언어를 사용하기 훨씬 전부터 의사소통 수단으로 활용해 왔습니다. 그리고 오랜 시간이 지난 현재까지도 몸짓 언어는 거의 모든 동물들의 주요한 의사소통 수단이죠. 이처럼 간과하기 쉬우나 중요한 몸짓은 시대나 국가, 문화권에 구애 없이 일맥상통하는 부분이 많습니다. 또 가족, 친구, 연인 그리고 직장에서도 유용하게 활용할 수 있습니다. 여러분이 보디랭귀지로 상대의 감정을 누구보다 빨리 파악하고 상대를 당신의 편으로 만들 방법을 알아가기 바랍니다.

만약 당신이 함께하는 다른 사람들을 편하게 할 수 있는 방법을 알고 다른 사람들을 설득하는 방법을 안다면, 그 사람들은 당신에게 한 번 더 손을 내밀고 더 열린 마음을 갖게 될 것입니다.

《당신은 이미 읽혔다》가 꾸준히 사랑받아 개정판을 출간한다는 소식을 들었습니다. 이는 한국 사회가 타인을 이해하기 위한 고민을 계속해 오고 있다는 방증이자 의사소통을 중요하게 생각한다는 의미라는 생각이 듭니다. 갈수록 사람과 사람이 대면하는 것이 힘들어지는 상황이지만, 그럼에도 중요한 몸짓 언어를 익혀 좀 더 나은 인간관계, 여러분의 사회생활에 도움이 되기를 바랍니다.

— 앨런, 바바라 피즈

손톱, 외투 소매, 신발, 바지 무릎,
엄지와 검지의 굳은살, 얼굴 표정, 셔츠 커프스,
몸놀림 등을 보면 그 사람의 정체를 알 수 있다.

— 셜록 홈즈

소통은
말이 전부가 아니다

나는 상대의 속마음을 읽을 수 있다면 상황에 적절히 대처하고 원하는 것을 얻을 수 있다는 사실을 이른 나이에 깨달았다. 11살 때 아르바이트로 집집마다 고무 스펀지를 팔러 다녔는데, 물건을 살 사람과 사지 않을 사람을 한눈에 알아볼 수 있었다. 현관을 두드렸을 때 주인이 당장 꺼지라고 소리를 쳐도 그가 손바닥을 펼쳐 내보인다면 해코지를 할 사람이 아니었다. 그러나 목소리는 차분해도 내게 손가락질을 하거나 주먹을 꽉 쥐고 있다면 당장 꽁무니를 빼야 했다.

나는 물건 파는 일을 좋아했고 실적도 꽤 좋았다. 십 대에는 방과 후에 주방용품을 팔았다. 이때 역시 타인의 속마음을 읽어내는 능력 덕분에 제법 큰돈을 손에 쥐기도 했다. 일을 하면서 여러 사람을 대면하다 보니 그들의 보디랭귀지만 보고도 물건을 살지 안 살지 판단할 수 있게 되었다. 이런 기술은 댄스클럽에서 여자 아이들을 만날 때도 도움이 되었다. 춤 신청을 받아줄 여자와 거절할 여자를 정확하게 가려낼 수 있었기 때문이다.

나는 스무 살 때 보험 회사에 들어가서 회사의 판매 기록을 여러 차례 갈아치우는 괴물 신입사원으로 유명했다. 입사 첫해에 최연소 1백만 달러 판매왕이 되었으며 '백만 달러 원탁회의(미국의 고소득 보험설계사들의 모임)' 회원이 되었다. 어린 시절부터 익혀 온 사람의 속마음을 읽어내는 기술이 모든 일에서 성공을 거둘 수 있게 도와주는 원천이자 경쟁력이었다.

《당신은 이미 읽혔다》는 최선의 인간관계를 얻어내기 위해서 반드시 알아야 할 몸짓, 얼굴 표정, 목소리 등을 다루고 있다. 기존의 학문적 연구를 바탕으로 진화생물학과 진화심리학 등 새로운 과학 분야의 연구와 뇌의 활동을 보여주는 MRI 기술들도 소개했다. 읽는 내내 흥미와 재미를 놓치지 않고 아무 장이나 펼쳐서 봐도 쉽게 이해할 수 있도록 구성했다. 나는 여러분이 이 책을 통해 인간의 비언어적 소통과 신체 신호에 관심을 갖게 될 것이라 장담한다. 또한 그것들을 활용하여 효과적인 의사소통을 하는 법과 상대에게 원하는 것을 얻는 침묵의 기술을 배울 수 있을 것이다.

물론 보디랭귀지 연구가 과학적 지식을 동원해 타인의 속마음이나 비밀을 읽어내어 악용하는 짓에 불과하다고 분개하는 사람도 있을 것이다. 하지만 나는 이 책을 통해 보다 깊은 관계를 맺고 예리한 통찰력을 발휘하여 타인은 물론이고 더 나아가 자기 스스로를 더 깊이 이해할 수 있기를 바란다. 이 세상 무엇이든 알고 나면 쉽고 편안하지만, 모르면 두렵고 의심이 앞서는 법이다. 야생 조류를 관찰하는 사람은 새를 잡아 박제하려고 하지 않는다. 보디랭귀지에 대한 지식과 기술 역시 상대를 더 깊이 이해하고 인간관계를 풍부하게 만들기 위해서 필요하다.

이 책은 가정생활, 직장생활, 남녀관계 등 삶의 모든 영역에서 활용 가능한 내용들로 채워져 있다. 우리가 보디랭귀지 분야에서 30년 동안 축적해 온 지식과 실험의 결과물로서, 사람의 태도와 감정을 읽어내기 위해 필요한 기술을 오롯이 담았다. 이 책을 통해 '왜 나는 사람을 제대로 볼 줄 모르는 걸까?' '눈치 빠른 사람은 무엇이 다를까?' '말 속에 숨은 뜻을 어떻게 찾을 수 있을까?'에 대한 답을 찾을 수 있을 것이다.

지금까지 당신이 어두컴컴한 방 안에 갇힌 채 가구와 벽에 걸린 장식품이나 문짝 등을 더듬으며 어렴풋이 짐작만 하는 처지였다면, 이제 이 책이 당신의 방을 환하게 비추는 전등이 돼줄 것이다.

— 앨런 피즈

Contents

1장　**몸짓** 말보다 솔직한 침묵의 언어 ＿＿＿＿＿＿＿＿＿ 17

보디랭귀지의 선구자들 ┃ 몸이 말을 한다 ┃ 속마음을 드러내는 보디랭귀지 ┃ 여자
가 남자보다 예리하다 ┃ 용한 점쟁이들의 비밀 ┃ 보디랭귀지는 타고난 것일까? ┃
몸짓의 기원 ┃ 보편적인 몸짓 ┃ 보디랭귀지 기본 규칙 ┃ 나이를 먹을수록 교묘해
진다 ┃ 보디랭귀지를 꾸밀 수 있을까? ┃ 보디랭귀지의 달인되기

2장　**손** 손은 권력이고, 악수는 전쟁이다 ＿＿＿＿＿＿＿＿＿ 41

손은 모든 걸 말해 준다 ┃ 손으로 거짓말하기 ┃ 몸짓과 감정은 연결되어 있다 ┃ 손
바닥의 위력 ┃ 손가락질은 불쾌감을 준다 ┃ 가장 현대적인 인사법 ┃ 누가 먼저 악
수를 청해야 할까? ┃ 지배적인 악수 ┃ 복종적인 악수 ┃ 동등한 악수 ┃ 악수 하나로
신뢰를 형성할 수 있다 ┃ 무례한 악수에 대처하기 ┃ 차갑고 축축한 악수 ┃ 사진의
왼쪽에 서라 ┃ 정치가의 악수 ┃ 부시와 블레어의 파워게임 ┃ 세상에서 가장 짜증
나는 악수 ┃ 완벽한 악수

1장

몸짓

말보다 솔직한
침묵의 언어

Q

타인을 이해하려면
자세와 표정, 근육, 호흡, 움직임 등을
정확하게 관찰해야 한다.

— 바바라 쇼트

여러 사람이 모인 자리에서 한눈에 서로 어떤 사이인지, 무슨 감정을 가지고 있는지 정확히 간파하는 사람들이 있다. 다른 사람의 행동을 보고 상대의 마음가짐이나 생각을 읽어내는 능력은 인간이 음성 언어를 만들기 전부터 사용해 온 원시적인 의사소통 수단이었다.

라디오가 발명되기 전까지 대부분의 의사소통은 책, 편지, 신문 등 문자 언어를 통해 이루어졌다. 그래서 아브라함 링컨처럼 못생기고 말솜씨가 형편없는 정치가나 연사들도 어떻게든 버티면서 글솜씨를 발휘하면 성공할 확률이 높았다. 이후 라디오 시대가 열리면서 윈스턴 처칠 등 말솜씨가 뛰어난 정치인들이 인기를 끌었다. 그러나 놀랄 만큼 언변이 뛰어난 처칠이라도 요즘 같은 비주얼 시대에 태어났다면 고전을 면치 못할 것이다.

현대의 정치가들은 이미지와 외모가 얼마나 큰 영향을 미치는지 잘 알고 있다. 그래서 유명 정치가들은 개인적으로 보디랭귀지 전문가의 도움을 받아 진실하고 사려 깊으며 정직한 사람이라는 인상을 주기 위해 갖은 노력을 다한다.

　그러나 수천 년 진화를 거듭해 온 인류가 몸짓 언어를 적극적으로 연구하기 시작한 것은 놀랍게도 1960년대 이후의 일이고, 그나마 일반 대중이 보디랭귀지의 존재 자체를 인식하게 된 것이《보디랭귀지》가 출간된 1978년 이후다. 사람들은 여전히 의사소통의 핵심이 '언어'라고 믿고 있다. 하지만 인간의 진화사로 볼 때 언어는 겨우 최근에서야 의사소통의 주요 수단이 되었으며 그나마 사실과 정보 전달만을 담당할 뿐이다.

　언어는 대략 200만 년에서 50만 년 전, 인간의 뇌 크기가 급격히 증가하던 시기에 만들어졌다. 그 전까지 감정과 느낌을 전달하는 주요 수단은 보디랭귀지와 목으로 내지르는 소리뿐이었다. 이는 오늘날도 별반 다르지 않다. 사람들이 언어에만 집중하고 있는 탓에 보디랭귀지에 대해 잘 알지 못하고, 그것이 인간의 삶에서 얼마나 중요한 역할을 하는지 깨닫지 못하고 있을 뿐이다.

　하지만 우리가 자주 쓰는 말을 살펴보면 보디랭귀지가 의사소통에서 얼마나 중요한 역할을 하는지 알 수 있다. 다음이 그 예다.

가슴을 활짝 펴다. 입술을 악물다.
한 발짝 물러서다. 고개를 똑바로 들다.
어깨가 무겁다. 눈 하나 깜짝하지 않다.
발바닥에 땀이 나게 뛰다. 허리를 굽히다.

이밖에도 '귀에 거슬리다.' '고개가 끄덕여지다.' 등 많은 사례들이 있다. 하지만 정말 중요한 것은 사례를 통해 우리의 메시지를 받아들이고 이해하는 것이다.

보디랭귀지의 선구자들

찰리 채플린은 보디랭귀지의 선구자라고 할 수 있다. 무성영화 배우들은 은막 안에서 보디랭귀지만으로 의사소통을 했다. 연기력 역시 몸짓과 신체 신호로 얼마나 관객과 소통할 수 있느냐에 따라 결정되었다. 그러다 유성영화가 등장하자 비언어적 연기의 중요성이 뒷전으로 밀려났다. 수많은 무성영화 배우들이 사라졌고 언어적 연기력과 비언어적 기교를 겸비한 배우들만이 살아남았다.

20세기 이전까지 보디랭귀지의 학문적 발전에 가장 영향력을 미친 연구는 1872년 출간된 찰스 다윈의 《인간과 동물의 감정 표현The Expression of the Emotions in Man and Animals》이었다. 이 책을 시작으로 얼굴 표정과 보디랭귀지에 관한 수많은 현대적 연구가 뒤를 이었으며, 전 세계 학자들에 의해 다윈의 이론과 연구가 상당 부분 입증되었다.

그리고 많은 후대 학자들이 수백만 가지에 이르는 비언어적 신호와 단서를 밝혀내고 기록했다. 1950년대 보디랭귀지의 선구자인 앨버트 메라비언은 인간이 말로 의사소통을 하는 비중이 약 7퍼센트에 불과하다는 사실을 발견했다. 음조, 음색, 억양 등 목소리를 통해 내는 소리가 38퍼센트이고 비언어적 신호가 55퍼센트를 차지한다고 주장했다.

무슨 말을 하는지가 아니라, 말을 할 때 상대에게 어떻게 보이느냐가 더 중요하다.

인류학자 레이 버드위스텔은 스스로 '동작학kinesics'이라고 칭하는 비언어적 의사소통 연구의 선구자다. 그는 비언어적 의사소통의 양에 대해 메라비언과 비슷한 결론을 내렸다. 그의 연구에 따르면 인간이 하루에 말을 하는 시간은 보통 10~11분 정도이며 문장 한 줄을 뱉는 데 걸리는 시간은 평균 2.5초다. 또 인간이 지을 수 있고 이해할 수 있는 얼굴 표정은 대략 25만 가지 정도 된다.

메라비언과 마찬가지로 버드위스텔 역시 직접 얼굴을 맞대고 대화를 할 때 언어적 수단이 차지하는 비율이 35퍼센트 미만에 불과한 반면, 65퍼센트 이상 비언어적 수단으로 이루어진다는 사실을 발견했다.

1970~80년대를 거치며 우리가 녹화한 수천 번의 판매 면담과 협상 과정을 분석한 결과, 업무적인 만남의 경우 보디랭귀지가 협상 테이블에 미치는 영향력이 60~80퍼센트를 차지했다. 새로운 사람을 만났을 때 4분 안에 첫인상의 60~80퍼센트가 결정되었다.

그리고 전화로 협상할 때는 자기주장이 강한 사람이 주도권을 가지지만, 직접 만나 협상을 할 때는 꼭 그렇지 않다는 결과가 나왔다. 인간은 대개 귀로 듣는 말보다 눈으로 보는 것을 근거로 최종 결정을 내리기 때문이다.

몸이 말을 한다

인간은 처음 사람을 만날 때 상대가 나에게 얼마나 우호적인지, 나를 지배하려고 하는지, 성적인 호감을 얼마나 느끼는지 재빨리 판단을 내린다. 그리고 상대를 바라볼 때 제일 먼저 쳐다보는 곳은 눈이라 생각하기 쉽지만 절대 아니다.

대부분의 학자들이 동의하는 바와 같이 언어의 역할이 주로 정보 전달인 반면, 보디랭귀지는 상호 간의 태도를 결정하며 경우에 따라 언어를 대신하는 수단이 된다. 입 한 번 벙긋하지 않고 매혹적인 표정만으로도 이성에게 속마음을 전달할 수 있는 것처럼 말이다.

문화적 차이와 상관없이 말과 그에 어울리는 행동은 동시에 일어난다. 그래서 버드위스텔은 훈련만 잘 받으면 상대의 목소리만 듣고도 그가 무슨 행동을 하는지 알아낼 수 있다고 주장했다. 그는 심지어 몸짓만 보고도 상대방이 어떤 말을 하는지 구분할 수 있다고 했다.

많은 사람들이 여전히 생물학적으로 인간이 동물이라는 사실을 받아들이지 못하고 있다. 사실 인간은 호모 사피엔스라는 영장류의 일종이며 발달된 두뇌를 가지고 직립보행을 하는 털 없는 유인원일 뿐이다. 다른 동물들과 마찬가지로 인간도 행동, 반응, 보디랭귀지, 몸짓을 통제하는 생물학적 규칙에 지배를 받는다. 그런데 흥미롭게도 인간이라는 동물은 자신이 입으로 하는 말과 몸으로 보여주는 자세, 행동, 몸짓 등 보디랭귀지가 서로 다른 이야기를 할 수 있다는 사실을 잘 알지 못한다.

속마음을 드러내는 보디랭귀지

인간의 감정은 보디랭귀지를 통해 밖으로 표출된다. 그래서 각각의 몸
짓과 행동이 그 사람의 속마음을 파악하는 데 중요한 열쇠가 될 수 있
다. 예를 들어 통통한 허벅지가 신경 쓰이는 여자는 치맛자락을 아래
로 잡아당길 것이다. 또 자신을 보호하려는 사람은 팔짱을 끼거나 다
리를 꼬거나, 혹은 두 가지 행동을 동시에 취할 것이다. 가슴이 풍만한
여자와 대화를 나눌 때 남자는 의식적으로 시선을 돌리려고 애쓰면서
도, 무의식적으로는 손으로 무언가를 더듬는 동작을 하게 된다.

보디랭귀지를 읽을 때는 상대방의 말을 들으면서 그의 감정 상태
와 말을 하는 상황까지 이해할 수 있어야 한다. 그래야 사실과 허구,
현실과 상상을 구분할 수 있다.

사람들은 대화와 소통에 강박적으로 집착하면서 보디랭귀지와
그 영향력에 대해서는 놀라울 정도로 무지하다. 사실 중요한 메시지
나 상대방의 속마음은 보디랭귀지를 통해 드러나는 경우가 적지 않
다. 예를 들어 프랑스의 자크 시라크 전 대통령, 미국의 로널드 레이

속마음을 숨기지 못하는 찰스 황태자

자크 시라크의 손은 사안의 중요성을 표현하는 것일까? 아니면 자신의 신체 일부분을 자랑하는 것일까?

건 전 대통령, 호주의 밥 호크 전 총리 등은 자신이 생각하는 특정 사안의 중요성을 보여주기 위해 두 손을 사용하곤 했다.

밥 호크는 기업 경영자의 급여와 비교하면서 정치인의 급여 인상을 지지한 적이 있다. 경영자의 급여는 상당한 폭으로 인상되었지만, 정치인의 급여는 상대적으로 인상폭이 적었다고 주장했다. 하지만 그는 정치인의 급여를 언급할 때마다 양손을 1미터 정도 크게 벌린 반면, 경영자의 급여를 언급할 때는 30센티미터밖에 벌리지 않았다. 손을 보니 그가 겉으로 말하는 것과 달리 정치인들이 더 나은 보수를 받고 있다고 생각한다는 것을 알 수 있었다.

여자가 남자보다 예리하다

어떤 사람이 '직관력이 있다.' 혹은 '눈치가 빠르다.'라는 것은 그 사람이 타인의 보디랭귀지를 읽고 언어적 신호와 보디랭귀지에서 포착한 단서를 구별하는 능력이 있다는 뜻이다. 다시 말해 누군가 거짓말을 하는 듯한 '직감'이 든다는 것은 상대방의 보디랭귀지와 말이 조화를 이루지 못한다는 의미다.

직관력은 상대방의 말과 보디랭귀지 사이의 모순을 포착하는 능력을 의미한다.

전반적으로 여자가 남자보다 직관력이 훨씬 뛰어나다. 여자는 비언어적 신호를 포착하고 해석하는 능력과 사소한 신호까지 정확히 파악할 때가 많다. 남자들은 여자에게 쉽게 거짓말을 들키곤 하지만, 반대로 여자들은 대부분 남자를 감쪽같이 속여넘길 수 있다.

하버드대학교 심리학자들은 여자가 남자보다 보디랭귀지에 얼마나 예민하게 반응하는지 연구했다. 연구팀은 피실험자들에게 남녀의 대화 장면을 담은 짧은 영화를 소리 없이 영상만 보여주었다. 그리고 피실험자들에게 남녀의 얼굴 표정만 보고 어떤 대화를 나누었는지 알아내도록 했다. 그 결과 여성 피실험자들은 87퍼센트의 정확도로 내용을 파악한 반면, 남성 피실험자들의 정확도는 42퍼센트 정도였다. 그중 배우나 간호사, 예술가 등의 직업에 종사하는 남성들은 여성들과 비슷한 수준의 정확도를 보였다. 남자 동성애자 역시 높은 점수를 받았다.

이들 중에서도 특히 자녀를 양육한 경험이 있는 피실험자가 직감이 더 뛰어난 것으로 나타났다. 부모는 아이를 낳고 몇 년 동안 비언어적 수단으로 아이와 의사소통을 한다. 즉 뛰어난 직관력은 보디랭귀지를 접하고 읽어내야 하는 상황과 기회가 훨씬 많은 이들에게 나타난다고 볼 수 있다.

또 자기공명영상MRI 촬영으로도 여자가 남자보다 의사소통 능력과 사람을 판단하는 능력이 뛰어난 또 다른 이유를 분명히 알 수 있다. 여자의 두뇌에는 타인의 행동을 평가하는 영역이 14~16개 정도인데 비해, 남자는 4~6개 정도에 불과하다. 예를 들어 저녁 모임에 참석한 여자는 다른 부부나 연인들의 관계(부부가 모임에 오기 전에 다투었는지, 누가 누구를 더 좋아하는지 등)를 단박에 파악할 수 있다. 남녀가 서로 다른 뇌를 가졌기 때문에 여자의 관점에선 남자가 너무 과묵해 보이고, 남자의 관점에선 여자가 너무 수다스럽게 느껴지는 것이다.

여자의 뇌는 여러 작업을 동시에 처리하는 멀티태스킹이 가능하다. 보통 동시에 2~4가지 일들을 자유롭게 해낼 수 있다. 텔레비전을 보면서 통화를 하거나 등 뒤에서 오가는 대화를 엿들으면서 커피까지 홀짝일 수 있다. 또한 대화를 하는 와중에 서로 상관없는 몇 가지 주제를 한꺼번에 넘나들 수 있고 이야기 주제를 바꾸거나 요점을 강조하기 위해 5가지 음색을 사용할 수도 있다. 불행히도 대부분의 남자는 그중 3가지 음색밖에 구분하지 못한다. 그래서 남자가 여자와 대화를 할 때 이야기의 흐름을 놓치는 경우가 많다.

연구에 의하면 직감에만 의존하는 사람보다 타인의 행동을 관찰하면서 평가하는 사람이 정확한 판단을 내릴 확률이 높다고 한다. 여기서 상대방에 대한 시각적 증거가 바로 '보디랭귀지'다. 앞에서도 계속 언급했듯이, 여자는 보디랭귀지를 무의식적으로 파악한다.

그러나 꼭 여자가 아니더라도 보디랭귀지를 읽는 법을 배운다면 누구나 속마음을 파악할 수 있다.

용한 점쟁이들의 비밀

점집에 가본 적이 있다면 점쟁이가 자신의 성격이나 과거에 대해 너무 잘 맞춰서 깜짝 놀란 적이 있을 것이다. 그들이 정말 초능력이라도 가지고 있는 것일까? 그러나 연구에 의하면 점쟁이들이 '콜드 리딩cold reading(상대에 대한 아무런 사전 정보가 없는 상태에서 상대의 속마음을 간파해내는 기술)'을 활용한다고 한다.

콜드 리딩을 사용하면 처음 만나는 사람에 대해 대략 80퍼센트 정도를 파악할 수 있다. 순진한 사람에게는 마술처럼 보일 수도 있겠지만, 사실 그것은 주의 깊은 관찰력에 인간 본성에 대한 이해와 확률·통계적 지식을 더한 것이다. 영매나 타로카드 점술사, 점성술사, 손금 보는 사람 등이 손님의 정보를 파악하기 위해 이 기술을 사용한다. 그런데 본인들조차 자신이 비언어적 신호를 읽는 능력이 있다는 사실을 모르는 경우가 많아서, 정말 자신이 초능력자라고 믿기도 한다. 이런 믿음 덕분에 점쟁이들은 더욱 자신 있게 손님을 대하고, 그들을 찾는 손님들은 점괘를 의심 없이 받아들이는 것이다.

타로카드와 수정구슬, 약간의 신비로운 분위기를 조성해 놓고 보디랭귀지를 읽어내면 완고한 회의주의자라도 초자연적인 현상이 벌어진다고 믿게 될 것이다. 모든 것은 손님의 질문과 대답을 듣고,

손님의 외모와 행동을 관찰하여 수집한 정보를 해독해 내는 점쟁이의 능력에 달려 있다.

우리의 주장을 입증하기 위해 당신의 점괘를 직접 살펴보도록 하자. 당신이 어둑어둑하고 연기가 자욱한 방에 들어섰다고 상상해 보라. 수정공이 놓인 나지막한 원형 탁자 앞에는 보석을 주렁주렁 매달고 머리에 터번을 쓴 심령술사가 앉아 있다.

어서 오세요. 당신은 지금 곤란한 상황에 처해 있군요. 당신에게서 강렬한 신호가 느껴집니다. 당신은 사교적이고 활달할 때도 있지만, 소극적이고 수줍고 신중할 때도 있습니다. 자신이 독립적인 사람이라는 것을 자랑스러워하지만, 명확한 근거가 없으면 남이 말하는 얘기를 믿지 못하는 사람이에요. 또 변화와 다양성을 좋아하는 반면 제약을 받거나 지루한 일이 반복되면 불안을 느낍니다. 가까운 사람들과 속마음을 나누고 싶지만, 너무 개방적이고 솔직하게 행동하면 어리석은 사람으로 보일 것이라고 생각합니다. 이름에 'S(시옷)'자가 들어가는 남자가 지금 현재 당신에게 강한 영향력을 행사하고 있네요. 그리고 다음 달에 11월생 여자가 흥미로운 제안을 해올 것입니다. 당신은 겉으로는 절제된 삶을 살고 있는 것처럼 보이지만, 속으로는 걱정도 많고 고민도 많군요.

자, 당신을 정확하게 파악했다고 생각하는가? 연구 결과에 따르면 어떤 사람이든 위의 설명에 80퍼센트 이상 들어맞는다고 한다. 보디랭귀지와 표정, 여타 미세한 움직임이나 동작을 읽는 능력에 흐

릿한 조명과 기묘한 음악, 묘한 향내까지 더해지면 누구라도 점쟁이가 될 수 있다.

보디랭귀지는 타고난 것일까?

당신은 팔짱을 낄 때 오른팔을 위로 올라가는가, 왼팔이 위로 올라가는가? 대부분의 사람들은 직접 해보기 전까지 바로 답하지 못한다. 지금 당장 해본 다음 두 팔의 위치를 재빨리 바꿔 보라. 처음 팔짱을 껴봤을 때는 편안하지만 반대로 했을 때는 불편할 것이다. 즉 팔짱은 유전적 몸짓이며 마음대로 바꿀 수 없다.

비언어적 신호인 보디랭귀지가 선천적인 것인지, 학습에 의한 것인지, 유전적으로 전달되는 것인지, 혹은 다른 방식으로 습득되는 것인지 밝혀내기 위해 수많은 연구와 논쟁이 이루어졌다. 연구자들은 비언어적 신호를 포착할 수 없는 시각장애인들을 대상으로 실험하거나, 전 세계의 다양한 문화권의 보디랭귀지를 관찰하거나, 유인원과 원숭이의 행동을 연구하면서 다양한 증거를 수집했다.

연구 결과 몸짓의 종류에 따라 포함되는 범주가 달랐다. 예를 들어 영장류의 새끼들은 대부분 젖을 빠는 능력을 타고난다. 따라서 젖을 빠는 몸짓은 선천적 혹은 유전적인 것이다.

독일의 과학자 아이블 아이베스펠트는 선천적으로 시각장애와 청각장애를 가지고 태어난 어린이들을 관찰했다. 그리고 웃는 표정이 학습 혹은 모방의 결과가 아니라는 사실을 발견했다. 즉 웃음은 타고난 몸짓이다. 에크만과 프리슨, 소렌슨은 5개의 서로 다른 문화권 사람들의 얼굴 표정을 연구하는 과정에서 다윈의 독창적인 이론을 지지하게 되었다. 어떤 문화권이든 감정을 드러내기 위해 사용하는 기본적인 얼굴 표정이 동일하다는 사실을 발견했기 때문이다.

문화는 달라도 기본적인 보디랭귀지는 같다.

하지만 어떤 몸짓들에 대해서는 문화적으로 학습하는 것인지, 습관화된 것인지, 유전에 의한 것인지를 놓고 여전히 논쟁을 하고 있다. 예를 들어 설명하자면 남녀의 차이가 있겠다. 대부분의 남자들은 외투를 입을 때 오른팔부터 집어넣는다. 반면 여자들은 왼팔을 먼저 집어넣는다. 이것은 외투를 입을 때 남자는 좌뇌를 사용하고 여자는 우뇌를 사용한다는 것을 의미한다. 또 남자와 여자가 혼잡한 거리에서 스쳐 지나갈 때, 남자는 보통 여자 쪽으로 몸을 돌리지만 여자는 가슴을 보호하기 위해 본능적으로 남자를 등지는 쪽으로 몸을 돌린다. 이것은 여성의 타고난 반응일까, 아니면 무의식적으로 다른 여성들을 보면서 배운 행동일까?

몸짓의 기원

대부분의 기본적인 의사소통 신호는 전 세계 어디서나 동일하다. 행복한 사람은 웃는다. 슬프거나 화난 사람은 얼굴을 찌푸리거나 상대를 노려본다. '아니오'나 부정을 표현하기 위해 머리를 양쪽으로 젓는 행동 역시 보편적인 보디랭귀지이며 유아기에 학습하는 것으로 보인다. 젖을 배불리 먹은 아기는 엄마의 젖가슴을 피해 고개를 좌우로 젓는다. 아이들은 거절이나 부정적인 태도를 보여주기 위해 고개를 가로젓는 몸짓을 하면 된다는 것을 배운다.

어떤 몸짓들의 기원은 인간이 원시적인 동물 생활을 하던 시절까지 거슬러 올라간다. 대표적인 예로 '미소'를 들 수 있다. 미소는 대부분의 육식동물에게 위협적인 몸짓이지만, 영장류에게는 오히려 항복을 의미하는 몸짓이다.

이빨을 드러내고 콧구멍을 벌름거리는 것은 공격적인 행동에서 유래된 것으로 영장류 동물들이 사용하는 원시적인 신호다. 한쪽 입술을 위로 끌어올려 이빨을 내보이는 동작은 필요하면 이빨로 공격이나 방어를 하겠다는 의미다. 인간은 보통 치아로 상대를 공격하지는 않는데도 비슷한 몸짓을 사용한다.

콧구멍을 벌름거리는 동작은 싸우거나 도망칠 때 필요한 산소를 몸속으로 축적하는 행동이다. 이것은 아군에게 도움을 청하는 신호

한쪽 입술을 위로 끌어올려 비웃는 표정을 짓고 있는 동물과 인간

이기도 하다.

보편적인 몸짓

어깨를 으쓱하는 것 역시 보편적인 몸짓의 좋은 예다. 이것은 상대
방이 하는 말을 잘 이해하지 못하겠다는 의미다. 이 동작은 3가지
몸짓으로 구성된다. 양손을 벌려 아무것도 숨기지 않았다는 것을 보
여주면서 어깨를 움츠려 공격으로부터 목을 보호하고 동시에 눈썹
을 치켜세워 복종의 신호를 보낸다. 물론 문화권마다 사용하는 언어
가 다르듯이 보디랭귀지도 나라나 언어에 따라 다를 수 있다.

보디랭귀지 기본 규칙

어떤 상황에서든 당신이 보고 들은 것이 반드시 상대방의 진짜 속
마음을 반영한다고 할 수 없다. 상황을 제대로 파악하기 위해서 다
음의 3가지 기본 규칙을 따라야 한다.

규칙 1: 몸짓의 조합을 읽어야 한다

초보자가 저지를 수 있는 가장 심각한 실수 중 하나가 각각의 몸짓
을 다른 몸짓 혹은 상황과 분리하여 해석하는 것이다. 예를 들어 머
리를 긁는 동작은 그것과 동시에 일어나는 다른 몸짓에 따라 땀, 반

신반의, 비듬, 머릿니, 망각, 거짓말 등 여러 가지 의미를 가진다. 단순히 가려움 때문일 수도 있고 민망함이나 고민을 감추려는 의도일 수도 있다.

음성언어와 마찬가지로 몸짓 언어인 보디랭귀지에도 단어와 문장, 마침표가 있다. 하나의 몸짓은 하나의 단어와 같아서, 여러 뜻을 가질 수 있다. 예를 들어 영어에서 '드레싱dressing'은 옷을 입는 행동, 음식용 소스, 조류 요리의 속을 채우는 소, 상처에 감는 붕대, 비료, 말의 털 손질 등을 포함해 적어도 10가지 의미를 갖고 있다.

단어는 문장 안에서 다른 단어들과 어울릴 때 상황에 맞는 의미를 가지게 된다. 마찬가지로 몸짓도 여러 몸짓들의 조합 차원에서 이해할 때, 사람의 감정과 태도에 담긴 진실을 읽을 수 있다. 보디랭귀지의 조합은 단어로 이루어진 문장처럼 최소 3가지 이상 몸짓이 있어야 각 단어의 의미를 정확히 규정할 수 있다. 직관력이 뛰어난 사람은 보디랭귀지 문장을 읽고 그것을 상대방이 입으로 표현하는 문장과 정확히 비교하여 파악할 줄 안다.

따라서 보디랭귀지를 정확히 읽기 위해서는 항상 몸짓의 조합을 전체적으로 볼 줄 알아야 한다. 사람은 지루하거나 스트레스를 받을 때 반복적인 행동을 취한다. 계속 머리카락을 만지작거리거나 손가락으로 비비 꼬는 행동이 그 예다. 그러나 이것은 다른 몸짓들과 함께 보지 않고 분리해서 해석한다면 반신반의나 불안을 나타낼 수도 있다. 어린 시절 엄마가 아이를 달랠 때 해주었듯이, 스스로를 진정시키기 위해 자신의 머리를 쓰다듬는 것이다.

몸짓의 조합을 전체적으로 파악해야 하는 이유를 알아보기 위해,

상대방의 말이 마음에 들지 않을 때 흔히 나타나는 '비판적 평가'의
몸짓 조합을 살펴보자.

비판적 평가를 나타내는 가장 중요한 신호는
얼굴에 손을 대는 몸짓이다. 보통 엄지로 턱을
괴고 검지를 세워 볼에 대고 나머지 손가락으로
입을 덮는다. 그리고 다리를 바짝 꼬고 팔로 몸을
가로막은 채(방어적), 머리와 턱을 아래로 숙인다
면(부정적/적대적), 틀림없이 자신이 듣고 있는 말
을 비판적으로 생각하고 있는 것이다. 이런 보
디랭귀지는 "나는 당신 말이 마음에 들지 않
아요." "내 생각은 당신과 다릅니다."라고
말하는 것과 같다.

▌ 이 남자는 당신의 말이 마음에 들지 않는다.

규칙 2: 말과 행동의 일치를 확인해야 한다

연구에 의하면 비언어적 신호의 영향력이 언어적 신호에 비해 5배
강력하다. 또 비언어적 신호와 언어적 신호가 일치하지 않을 경우,
사람들(특히 여성)은 대화로 주고받은 내용을 무시하고 비언어적 신
호에 의존한다.

만약 당신이 연사로서 강연을 하는데, 청중 속에 한 남자가 비판
적 평가의 몸짓을 하고 있다고 가정해 보자. 그에게 당신의 강연을
어떻게 생각하는지 물어본다면, 그는 당신의 강연 내용에 동의하지
않는다고 대답할 것이다. 이때 남자의 보디랭귀지 신호는 말과 정
확히 일치, 즉 조화를 이룰 것이다. 하지만 만약 남자가 강연 내용에

동의한다고 말한다면 그가 거짓말을 하고 있을 확률이 높다. 말과 행동이 일치하지 않기 때문이다.

말과 몸짓이 모순되는 경우, 대부분의 여성은 말을 무시하고 몸짓으로 판단한다.

만약 어떤 정치가가 청중을 향해 확신에 찬 연설을 하면서, 가슴 앞에 바싹 붙여 팔짱을 끼고(방어적) 턱을 아래로 숙인 채(비판적/적대적), 자신이 젊은 세대의 의견에 개방적인 정치가라고 주장한다면 믿을 수 있겠는가? 손바닥으로 연단을 쾅쾅 내리치면서 자신이 따뜻하고 배려심이 깊은 정치가라고 말한다면 곧이곧대로 받아들일 수 있겠는가?

지그문트 프로이트가 상담한 한 여성 환자는 자신의 결혼생활이 행복하다고 말하면서 무의식적으로 결혼 반지를 뺐다가 다시 끼우는 동작을 반복했다. 프로이트는 이런 무의식적 몸짓이 무엇을 의미하는지 알고 있었기 때문에, 나중에 그녀가 결혼생활에 문제가 많다고 고백했을 때 전혀 놀라지 않았다.

보디랭귀지를 통해 상대의 속마음을 꿰뚫기 위해서 몸짓의 조합을 관찰하고 말과 행동이 일치하는지 살펴보는 것이 중요하다.

규칙 3: 몸짓은 맥락 속에서 파악해야 한다

모든 몸짓은 그것이 이루어지는 맥락 속에서 파악해야 한다. 예를 들어 추운 날씨에 누군가 버스 정류장에서 팔짱을 끼고 다리를 바짝 꼬아 턱을 아래로 당기고 앉아 있다면 그가 방어적이어서가 아니라 춥기 때문에 취한 자세일 수도 있다.

방어적인 자세가 아니라 단지 추울 뿐이다.

하지만 만약 당신이 아이디어, 제품, 서비스를 판매하기 위해 이야기를 하고 있는데 상대방이 방어적인 자세를 취하고 있다면, 상대가 당신의 제안에 부정적인 느낌을 받고 있거나 거절하려고 한다는 의미로 받아들여도 무방하다.

힘없이 악수를 하는 사람은 성격이 나약하다고 오해를 받기 쉽다. 하지만 손가락 관절염을 앓는 탓에 통증을 피하려 일부러 손에 힘을 빼고 악수한 것일 수도 있다. 마찬가지로 화가나 음악가, 외과 의사 등 섬세한 손동작이 필요한 직업을 가진 사람들도 악수를 별로 좋아하지 않는다.

몸에 맞지 않거나 꽉 끼는 옷을 입은 사람은 보디랭귀지 사용에 제한을 받을 수 있다. 예를 들어 짧은 치마를 입은 여자는 치마 속이 보이지 않도록 다리를 단단히 꼬고 앉을 것이다. 그러나 이런 몸짓 때문에 접근이 어려운 여자로 보여 남자들이 쉽게 다가가지 못할 수도 있다. 일부에게만 적용되는 상황이긴 하지만 신체적 제약이나 장애, 결함 등이 사람의 몸짓에 영향을 미친다는 사실을 반드시 고려하는 것이 좋다.

이 책에서는 모든 보디랭귀지를 상황 속에서 살펴보고 몸짓의 조합을 검토하여 그 의미를 찾아볼 것이다.

나이를 먹을수록 교묘해진다

사람은 나이가 들면서 얼굴 근육의 탄력이 떨어지기 때문에 어릴 때보다 표정을 읽기가 어려워진다. 보디랭귀지를 행하는 속도와 상대방이 그 몸짓을 분명히 알아차리는 정도도 역시 나이에 따라 달라진다. 예를 들어 5살 꼬마는 거짓말을 할 때 손으로 입을 가린다. 대체로 부모들은 이런 행동을 보고 아이가 거짓말을 한다는 것을 알아차린다.

입을 가리는 몸짓은 지속적으로 나타난다. 십 대 청소년도 거짓말을 할 때 5살 꼬마처럼 손을 입가로 가져가는 몸짓을 보인다. 차이가 있다면 입을 가리는 대신 손가락으로 입 주위를 문지른다.

성인이 되면 입을 가리는 동작을 행하는 속도가 더욱 빨라진다. 성인도 꼬마나 청소년과 마찬가지로, 뇌가 거짓말이 나오는 것을 막으라고 손에 명령을 내리는 듯하다. 하지만 성인의 손은 마지막 순간에 코를 만진다. 어린 시절의 손으로 입을 가리는 동작의 성인 버전인 셈이다. 이처럼 사람은 나이가 들면서 보디랭귀지가 미묘하고 불분명해진다. 그래서 5살 꼬마의 몸짓보다 50살 어른의 몸짓을 읽는 것이 더욱 어렵다.

보디랭귀지를 꾸밀 수 있을까?

우리는 "보디랭귀지를 꾸며낼 수 있습니까?"라는 질문을 자주 받는다. 대답은 당연히 '아니오'다. 보디랭귀지를 거짓으로 꾸미면 주요 몸짓과 미세한 신체 신호, 음성 언어 사이에 틀림없이 부조화가 나타나기 때문이다. 예를 들어 손바닥을 펼쳐 보이는 동작은 정직하다는 인상을 준다. 그러나 아무리 손바닥을 펼치고 미소를 짓더라도 거짓말을 한다면 신체 신호들로 인해 들킬 수밖에 없다. 동공이 수축하고 한쪽 눈썹이 치켜 올라가거나 입가가 씰룩거리는 등의 미세 신호가 손바닥을 펼친 자세나 진실한 미소와 충돌을 일으킨다. 이런 행동을 보고 상대방(특히 여성)은 의심을 가질 것이다.

거짓으로 꾸민 보디랭귀지는 오래 지속할 수 없다.

경우에 따라서 보디랭귀지를 일부러 꾸며내는 경우도 있다. 미스월드 선발대회나 미스 유니버스 선발대회 등을 보면 참가자들은 하나같이 따뜻하고 성실한 인상을 주기 위해 열심히 연습한 보디랭귀지를 선보인다. 그리고 참가자가 이런 보디랭귀지를 얼마나 잘 활용하는지에 따라 심사위원의 점수가 달라진다.

정치가들은 유권자들을 사로잡기 위해 보디랭귀지를 꾸며내는 데 전문가라고 할 수 있다. 그중 존 F. 케네디나 아돌프 히틀러는 카리스마가 있다는 평가를 받기도 한다. 하지만 아무리 능숙한 사람이라고 해도 꾸며낸 보디랭귀지를 자연스럽

대배심 앞에서 모니카 르윈스키와의 성추문에 대한 질문을 받고 있는 빌 클린턴 전 대통령

게 유지할 수 있는 시간은 길지 않다. 일정 시간이 지나면 의지와는 전혀 다른 모순적인 신체 신호들이 나타나기 때문이다.

보디랭귀지를 스스로 통제하고 관리하는 것은 분명 어려운 일이다. 그러나 원활한 의사소통을 위해 긍정적인 보디랭귀지를 사용하는 방법, 의도와는 다른 메시지를 전달할 수 있는 부정적인 보디랭귀지를 없애는 방법은 반드시 배우는 게 좋다. 그러면 다른 사람들과 편안한 관계를 맺을 수 있고 상대가 당신에게 더욱 호감을 느낄 수 있을 것이다. 그것이 바로 이 책의 목적이다.

보디랭귀지의 달인되기

하루에 최소 15분 정도 시간을 내어 다른 사람의 보디랭귀지를 관찰해 보자. 또 자신의 몸짓도 의식적으로 살펴보라. 사람들이 만나 서로 교류하는 곳이면 어디든 훌륭한 학습장이 될 수 있다. 특히 공항은 사람들이 열망과 분노, 슬픔과 기쁨, 초조함 등 다양한 감정을 공개적으로 드러내는 곳이기 때문에 보디랭귀지를 관찰하기 좋은 장소다.

보디랭귀지를 읽는 기술에 능숙해지면 파티장 구석자리에 앉아 다른 사람들의 보디랭귀지를 구경하기만 해도 즐거운 시간을 보낼 수 있을 것이다.

현대인이 원시 시대 조상보다 보디랭귀지를 읽지 못하는 까닭은 말에 집착하기 때문이다.

텔레비전 역시 훌륭한 학습 도구다. 소리를 줄이고 화면만 보면서 무슨 상황인지 이해하려고 노력해 보자. 그런 다음 몇 분 후 소리를 높여 자신이 얼마나 보디랭귀지를 정확하게 파악했는지 확인하는 연습을 해보자. 훈련을 계속하면 음소거로 프로그램을 시청해도 내용을 이해할 수 있을 것이다.

보디랭귀지를 읽는 방법을 배우면 상대가 나를 어떤 식으로 지배하고 조종하려 하는지 정확히 알 수 있을 뿐 아니라, 상대방이 내 의도를 파악하고 있다는 사실까지도 깨달을 수 있다. 무엇보다도 중요한 것은 상대가 느끼는 감정에 보다 민감하게 반응할 수 있다는 것이다.

최근 '보디랭귀지 관찰자'라는 새로운 사회 과학자들이 등장했다. 조류 관찰자들이 새와 새의 행동을 관찰하는 것을 좋아한다면, 보디랭귀지 관찰자는 인간의 비언어적 단서와 신호를 관찰하면서 기쁨을 느낀다. 그들은 사교 모임이나 해변, 텔레비전, 사무실 등 사람들이 교류하는 곳이면 어디서나 사람들을 관찰한다. 보디랭귀지 관찰자는 궁극적으로는 자신을 제대로 파악하고 인간관계를 향상시킬 수 있는 법을 탐구하는 사람이다.

2장
—

손

손은 권력이고,
악수는 전쟁이다

손은 인간의 진화 과정에서 가장 중요한 도구다. 뇌와 손은 어떤 다른 신체 부분보다 복잡하게 연결되어 있다. 그럼에도 자신의 손동작이나 악수를 나누는 방식에 대해 신경 쓰는 사람이 거의 없다.

처음 악수로 5~7번 정도 손을 흔드는 순간, 파워게임이 시작되면서 지배와 복종의 관계가 결정된다. 옛날부터 손바닥을 펼쳐 보이는 자세는 진실, 정직, 충성, 복종을 의미했다. 지금도 선서를 할 때 손바닥을 펴고 가슴 위에 포개는 경우가 많다. 법정에 나온 증인이 진실만을 말할 것을 맹세할 때 왼손으로 성경을 들고 오른손은 재판관을 향해 손바닥을 펴서 위로 들어 보인다.

상대가 정직한 사람인지 알고 싶다면 손바닥에 집중하자. 손바닥이 가장 강력한 단서가 될 수 있다. 개가 항복과 복종의 표시로 목을 내밀어 보이듯이, 사람은 자신이 무장을 하지 않았으며 위협적인 존재가 아니라는 사실을 보여주기 위해 손바닥을 펼쳐 보인다.

진실한 사람이라는 인상을 주기 위해 의도적으로 손바닥을 펴 보이는 경우가 많다.

손은 모든 걸 말해 준다

사람들은 자신이 정직하고 진실하다는 것을 주장하고 싶을 때 한쪽 혹은 양쪽 손바닥을 내보이며 이렇게 말한다. "제가 한 짓이 아닙니다." "기분 상하게 해드렸다면 죄송합니다." "진실만을 말씀드립니다."

마음을 열고 진실을 이야기하는 사람은 대개 상대에게 손바닥 전체 혹은 일부를 내보인다. 이 역시 무의식적인 보디랭귀지다. 이런 동작을 보면 우리는 직관적으로 상대가 진실을 말하고 있다는 사실을 알게 된다.

어린아이는 거짓말을 하거나 뭔가를 숨길 때 손바닥을 등 뒤로 감추는 경우가 많다. 남편이 밤새 밖에서 놀다 들어와 아내에게 변명을 늘어놓을 때, 주로 주머니에 손을 넣거나 팔짱을 껴서 손바닥을 감춘다. 하지만 아내는 손바닥을 숨기는 모습을 보고 남편이 거짓을 말하고 있다는 것을 눈치챈다. 반면 여자가 숨기고 싶은 사실이 있을 때는 그와 아무 상관없는 이야기를 늘어놓으면서 부산하게 여러 가지 일들을 한다.

남자는 거짓말을 할 때 보디랭귀지에 고스란히 드러난다.
여자는 거짓말을 할 때 바쁜 척을 한다.

판매원들은 고객이 제품을 구매할 수 없는 이유를 말할 때 고객의 손바닥을 살펴보라는 교육을 받는다. 같은 말로 거절을 하더라도 솔직하게 이유를 말하는 고객은 손바닥을 내보이는 반면, 거짓말을 하는 고객은 손을 숨기고 있을 확률이 높다.

양손을 주머니에 넣는 것은 대화에 참여하고 싶지 않을 때 가장 흔히 하는 동작이다. 보디랭귀지에서 손은 성대와 같은 부분이라고 할 수 있다. 손을 감추는 것은 입을 다문 것이나 마찬가지다.

손으로 거짓말하기

"그럼 거짓말할 때 손바닥을 내보이면 상대가 제 말을 믿을 가능성이 커지나요?"라고 묻는 사람들이 있다. 답은 '그렇다'이면서 동시에 '아니다'다. 아무리 손바닥을 내보인다고 해도 대놓고 거짓말을 한다면 상대에게 들킬 확률이 높다. 거짓말을 할 때 나타나는 특징적인 몸짓들이 나타나 손바닥을 내보이는 동작과 모순을 이루기 때문이다.

능숙한 거짓말쟁이와 사기꾼들은 비언어적 신호들을 거짓말과 조화시키는 특수한 기술을 가지고 있다. 거짓말을 하면서 진실을 말할 때 나타나는 보디랭귀지를 함께 사용하는 사람일수록 더 교묘한 사기꾼이 될 수 있다.

"내가 폭삭 늙어 검은 머리가 파뿌리가 돼도 날 사랑할거야?"
여자가 물었다. 그러나 남자가 대답했다.
"물론 사랑하지. 그리고 편지도 자주 쓸게."

몸짓과 감정은 연결되어 있다

다른 사람과 대화를 하면서 계속 손바닥을 내보이면 더 솔직하고 믿을 만한 사람이라는 인상을 줄 수 있다. 흥미롭게도 손바닥을 내보이는 몸짓을 습관적으로 하다 보면 거짓말을 하는 버릇도 점차 사라진다. 바로 '인과의 법칙Law of Cause and Effect(몸짓이나 표정에 따라 감정이 변화하는 것)' 때문이다.

몸짓과 감정은 직접적으로 연결되어 있다. 사람은 자신을 방어해야겠다는 생각이 들면 가슴 앞으로 팔짱을 끼게 된다. 반대로 팔짱을 끼고 있기만 해도 자신을 방어해야겠다는 느낌이 들기 시작한다. 만약 당신이 대화를 나누면서 손바닥을 내보이고 있으면 상대는 진실을 말해야 한다는 압박을 받게 되어 당신에게 솔직하게 이야기를 털어놓을 것이다.

손바닥의 위력

사실 가장 강력한 보디랭귀지는 방향을 안내하거나 명령을 내릴 때, 혹은 악수할 때의 손바닥 신호다. 손바닥을 잘 활용하면 조용하게 상대에게 권위를 행사할 수 있다.

손바닥으로 명령을 내리는 몸짓은 손바닥을 위로 향한 자세, 손바닥을 아래로 향한 자세, 주먹을 쥐고 한 손가락만 밖으로 뻗은 자세 등 3가지가 있다. 다음 예를 통해 3가지 자세의 차이점을 살펴보자. 지금 당신이 누군가에게 어떤 물건을 들어 다른 장소로 옮겨 달라고 요청하려고 한다. 이때 당신은 동일한 어조에 똑같은 말을 하고 항상 같은 얼굴 표정을 유지한다. 다만 손바닥을 이용한 자세에만 변화를 줄 수 있다.

손바닥을 위로 향한 자세는 순종적이고 비위협적인 몸짓으로, 거리에서 구걸하는 거지의 모습을 떠오르게 한다. 진화적 측면에서 보면 무기를 가지고 있지 않다는 의미를 나타내기도 한다. 이런 손짓을 사용하며 부탁을 하면 상대는 강요를 당한다거나 위협을 받는다고 생각하지 않을 것이다. 만약 상대의 발언을 요청하는 상황이라

손바닥을 위로 향한 모습 = 비위협적

손바닥을 아래로 향한 모습 = 권위적

면, 손바닥을 위로 향하게 하여 권한을 이양한다는 자세를 취하라. 그러면 상대는 당신이 들을 준비가 되어 있다는 것을 알고 자신의 의견을 말하기 시작할 것이다.

손바닥을 위로 향하는 자세는 수백 년을 거치면서, 한 손바닥을 공중에 들어올리는 자세나 손바닥을 가슴에 대는 자세 등 다양하게 변화·발전했다.

역사상 가장 유명한 아돌프 히틀러의 손바닥을 아래로 향한 자세

손바닥을 아래로 향하는 자세는 권위를 상징한다. 이 자세로 상대에게 부탁이나 요청을 하면 상대는 당신이 명령을 내렸다고 생각하고 당신에게 적대감을 느낄 수도 있다.

만약 상대가 당신과 동등한 지위라면 당신이 손바닥을 아래로 향한 자세로 요청할 때는 거절하고, 손바닥을 위로 향한 자세로 부탁할 때는 허락할 확률이 높다. 만약 상대가 당신의 부하직원이라면 손바닥을 아래로 향한 자세를 취해도 순순히 따를 것이다. 윗사람으로서 당신의 권위를 인정하기 때문이다.

나치는 손바닥을 똑바로 아래로 향하는 경례 방식을 사용했다. 이 동작은 제3제국의 권력과 독재의 상징이었다. 만약 히틀러가 손바닥을 위로 향하는 경례 방식을 사용했다면 아무도 나치를 두려워하지 않았을 것이다.

부부가 손을 잡고 걷는 것을 상상해 보자. 지배적인 위치에 있는 사람이 약간 앞서 걸으면서 손바닥이 뒤를 향하도록 하여 손을 잡는다. 남편에게 주도권이 있다면 부인의 손바닥은 앞을 향할 것이다. 이렇게 손의 위치만으로도 누가 주도권을 쥐고 있는지 파악할 수 있다.

주먹을 쥐고 한 손가락만 내미는 자세에서 앞으로 뻗은 손가락은 몽둥이를 연상시킨다. 비유적으로 말하면 몽둥이를 휘둘러 상대를 복종시키겠다는 셈이다. 이 자세는 대부분의 영장류들이 물리적 공격을 행할 때 사용하는 팔을 올려 가격하는 행동으로 이어질 수 있기 때문에 상대는 무의식적으로 부정적인 감정을 가질 수 있다.

손가락으로 가리키기

이 자세는 상대방을 짜증나게 만들 수 있는 몸짓 중 하나다. 특히 말하는 속도와 박자라도 맞추듯 손가락을 움직인다면 더욱 화를 돋울 수 있다. 말레이시아나 필리핀 등의 국가에서는 사람을 향해 손가락질을 하는 것을 모욕으로 여긴다. 동물에게만 사용하는 몸짓이기 때문이다. 말레이시아에서는 사람을 지적하거나 방향을 가리킬 때 엄지손가락을 사용해야 한다.

손가락질은 불쾌감을 준다

우리는 8명의 연사를 초빙하여 앞서 설명한 3가지 손짓을 사용하면서 10분 동안 청중을 상대로 연설을 하도록 지시했다. 그리고 각 연사

손가락질은 상대를 불쾌하게 한다. | 엄지에 손가락 끝을 대는 자세는 청중을 위협하지 않으면서 권위를 내세울 수 있다.

에 대한 청중들의 태도를 녹화하여 분석했다. 연사들이 손바닥을 위로 향하는 자세를 주로 사용했을 때, 참석자의 84퍼센트로부터 긍정적인 평가를 받았다. 반면 같은 강연을 하면서 손바닥을 아래로 향한 자세를 주로 사용했을 때는 긍정적인 평가가 52퍼센트로 떨어졌다.

손가락질을 하는 자세를 취한 연사들의 경우, 긍정적인 평가는 28퍼센트에 불과했으며 몇몇 청중은 강연 도중 나가버렸다.

만약 손가락질이 습관이라면 손바닥을 위나 아래로 향하도록 자세를 연습하라. 대화 분위기도 한결 편안해지고 상대에게 긍정적인 반응을 이끌어낼 수 있을 것이다.

엄지에 나머지 손가락을 꽉 붙이면서 'OK' 사인을 만들면서 대화를 하는 것도 좋은 방법이다. 우리는 많은 연사와 정치가, 경영자 등에게 이 손짓을 가르치고 이후 청중의 반응을 조사해 보았다. 청중들은 연사들에 대해 '사려 깊고 목표지향적이며 집중력이 좋다.'라는 평가를 내렸다. 반면에 손가락질을 취한 연사에 대해 '공격적이고 적대적이며 무례하다.'라고 평가했다.

가장 현대적인 인사법

악수는 고대부터 이어져 온 전통이다. 원시 종족들은 우호적인 상황에서 누군가를 만날 때, 팔을 뻗어 손바닥을 내보이며 무기를 가지고 있지 않다는 사실을 확인시켰다. 로마 시대 로마인들은 대개 소매 속에 단도를 숨기고 다녔기 때문에, 서로의 팔뚝을 잡아 자신을 보호하는 인사법을 행했다.

무기를 감추고 있는지 확인하기 위한
로마인들의 독특한 악수법

이런 고대의 인사법이 현대적인 형태로 변형된 것이 손바닥을 맞잡고 흔드는 악수다. 악수는 19세기 동등한 지위에 있는 남자들 사이에서 상거래의 성사를 마무리하는 방법으로 시작됐다. 현재는 비즈니스 현장에서 만나거나 헤어질 때 하는 인사법으로 자리 잡았으며 남녀를 불문하고 파티나 사교 모임 등에서도 널리 사용되고 있다.

전통적으로 허리를 굽혀 인사하는 일본이나 기도하듯 합장하는 자세로 인사하는 태국 등에서도 악수가 통용된다. 악수를 할 때 대부분의 국가에서 5~7번 정도 손을 흔들지만 독일에서는 2~3번 흔든 다음 손을 잡고 잠시 기다린다. 가장 악수를 열심히 하는 나라는 프랑스로, 만나거나 헤어질 때 한동안 악수를 나눈다.

누가 먼저 악수를 청해야 할까?

처음 만난 사람과 악수로 인사하는 것이 관습이지만, 먼저 악수를 청하는 것이 부적절한 상황도 있다. 악수는 신뢰와 환영의 표현이다. 그러므로 악수를 청하기 전에 스스로 다음과 같은 질문을 던져 봐야 한다. '나는 환영받고 있는가?' '상대방이 나를 기꺼이 반기는가 아니면 어쩔 수 없이 만나고 있는가?'

영업사원들은 초대 없이 혹은 예고 없이 고객에게 찾아간 경우 먼저 악수를 청해선 안 된다고 교육을 받는다. 고객이 원치 않았는데 억지로 악수를 하면 부정적인 결과로 이어질 수 있기 때문이다. 이런 상황에서는 고객이 먼저 악수를 청할 때까지 기다리는 편이 낫다. 고객이 악수를 청해 오지 않는다면 살짝 고개를 숙이며 목례를 하면 된다.

여성과 악수를 하는 것이 아직 일반적이지 않은 나라도 있다. 많은 무슬림 국가에서 여성에게 악수를 청하는 것을 무례하다고 생각하므로 악수 대신 살짝 목례를 하는 것이 좋다. 또 기억할 것은 대부분의 국가에서는 먼저 씩씩하게 악수를 청하는 여성이 보다 개방적인 사고를 가진 사람으로 평가받고 좋은 인상을 남길 수 있다.

지배적인 악수

앞에서 설명했던 손바닥을 위로 향하는 자세와 손바닥을 아래로 향하는 자세의 영향력에 대해 상기해 보자.

로마 시대 지도자들의 악수는 마치 제자리에 서서 팔씨름을 벌이는 것 같았다. 힘겨루기 끝에 강한 쪽이 상대방의 손을 위에서 내리누르는데 여기서 '우위upper hand'라는 표현이 유래되었다.

지금 당신이 처음 만난 사람과 악수를 나눈다고 상상해 보자. 무의식적으로 다음 3가지 태도 중 하나가 나타날 것이다.

1. 지배 : '이 사람은 나를 지배하려 한다. 조심해야겠다.'
2. 복종 : '이 사람은 내가 지배할 수 있다. 나의 지시를 따를 것이다.'
3. 동등 : '이 사람과는 편하게 지낼 수 있겠다.'

이런 태도들은 무의식적으로 오고 가지만, 일의 성사 여부에 즉각 영향을 미친다. 1970년대에 우리는 비즈니스 관련 강좌에 악수의 기술을 비즈니스 전략 중 하나로 교육한 적이 있다. 이 기술들은 약간의 연습과 활용만으로도 극적인 효과를 발휘한다.

지배적인 악수는 자신의 손목(그림에서 줄무늬 소매)을 비틀어 손바닥이 아래를 향하게 만드는 것이다. 이때 손바닥이 정확히 바닥을 향할 필요는 없지만, 상대의 손을 위에서 누르는 자세가 되면서 만남을 통제하려는 의사를 분명히 전달한다.

성공한 고위 경영진 350명(그중 89퍼센트가 남성이었다.)을 대상으로 조사한 결과, 대부분이 먼

▌ 지배적인 악수

저 악수를 청하는 것으로 밝혀졌다. 그리고 남성의 88퍼센트, 여성의 31퍼센트가 지배적인 악수 자세를 취했다. 여성의 비율이 낮은 것은 권력과 통제력에 대해 여성들이 남성들만큼 예민하지 않기 때문인 것으로 보인다. 또 일부 여성의 경우 사교적인 만남에서는 의도적으로 부드러운 악수를 하여 남성에게 복종적인 태도를 전달하기도 했다. 이는 자신의 여성성을 강조하거나, 자신을 지배해도 좋다는 암시를 주는 것이다. 하지만 비즈니스 현장에서 여성이 이런 태도를 취하는 것은 적절하지 않을 수 있다.

비즈니스 현장에서 여성성을 지나치게 표출하면 동료들로부터 좋은 평가를 받지 못할 가능성이 크다. 여성이 사회생활을 위해 남성적으로 행동해야 한다는 의미가 아니다. 다만 남성과 동등한 위치와 같은 수준의 신뢰도를 바란다면 너무 다정한 악수나 짧은 치마, 굽 높은 구두는 피하는 것이 좋다.

2001년 앨라배마대학교의 윌리엄 채플린은 악수에 대한 연구를 통해 외향적인 사람은 악수할 때 힘주어 손을 꽉 쥐는 반면, 소심하고 예민한 사람은 그 반대라는 사실을 발견했다. 또 새로운 아이디어에 대해 개방적인 태도를 가진 여성이 더 손을 꽉 쥔다는 것도 알아냈다. 남자는 개방적이든 아니든 악수 방식에 큰 차이가 없었다. 따라서 비즈니스 현장에서 여성이 남성과 악수할 때는 손에 힘을 꽉 주는 편이 좋다.

복종적인 악수

복종적인 악수는 상대방에게 자신의 위에 설 수 있는 기회를 주겠다는 상징이나 마찬가지다. 개가 힘이 더 센 개에게 목덜미를 드러내듯이 사람은 손바닥(아래 그림에서 줄무늬 소매)을 위로 향해 손을 내미는 것이다. 상대방에게 통제권을 넘기거나 주도권을 주고 싶을 때 효과적이다.

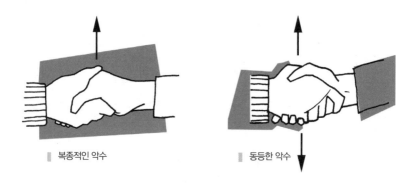

┃ 복종적인 악수　　　　　┃ 동등한 악수

손바닥을 위로 향하는 악수가 복종적인 태도를 전달할 수 있지만 몇 가지 상황에는 주의가 필요하다. 앞에서 언급했다시피 손가락 관절염을 앓는 사람, 외과 의사, 화가, 음악가 등이 손을 보호하기 위해 힘을 빼고 복종적인 악수를 하는 경우가 있다. 이런 경우 악수와 함께 이루어지는 다른 몸짓들을 단서로 삼아 종합적인 판단을 내려야 한다.

동등한 악수

지배적 성향이 강한 사람들끼리 악수를 할 때는, 양쪽이 모두 상대의 손을 복종적인 자세로 만들려는 상징적인 의미의 힘겨루기가 벌어진다. 어느 쪽도 상대방에게 지려고 하지 않기 때문에 결과적으로 두 사람의 손바닥이 모두 수직으로 세워진 채 서로를 꽉 죄는 악수가 된다. 그럼 서로가 동등하다는 인식을 하고 존중하게 된다.

악수 하나로 신뢰를 형성할 수 있다

악수를 통해 신뢰를 형성할 때 꼭 알아두어야 할 2가지 핵심 요소가 있다. 첫째, 자신과 상대방의 손이 모두 수직을 이루어 어느 쪽도 복종적이거나 지배적이지 않아야 한다. 둘째, 자신이 받는 만큼의 악력을 상대에게 가해야 한다. 악력의 단계를 1~10까지로 구분했을 때, 자신이 7만큼 손에 힘을 주고 있는데 상대방이 5만큼 힘을 준다면 악력을 줄여야 한다. 만약 한꺼번에 10명의 사람을 만난다면, 악수를 할 때마다 손의 각도와 잡는 힘을 매번 조정해야 한다.

또 남자들은 평균적으로 여자보다 2배 정도 악력이 강하다는 사실을 명심하고 알맞게 조절해야 한다. 남자의 손은 뭔가를 찢고, 쥐고, 들고, 던지고, 때리는 등의 행동을 할 때 최대 45킬로그램까지 악력을 발휘할 수 있다.

악수는 만나고 헤어질 때 인사를 나누거나 상호 간의 합의를 확

인하기 위한 몸짓이므로 항상 상대방에게 다정하고 긍정적이어야
한다는 사실을 꼭 기억하자.

무례한 악수에 대처하기

손바닥을 아래로 향한 채 불쑥 내미는 동작은 나치의 경례법을 연
상시킨다. 그리고 상대에게 동등한 관계를 형성할 기회조차 허락하
지 않으므로 가장 공격적인 악수 방법이라 할 수 있다. 이는 지배적
인 사람들의 전형적인 악수 방법으로, 손바닥을 아래로 향한 채 팔
을 쑥 내밀면 상대방은 어쩔 수 없이 복종적인 자세를 취하게 된다.
누군가 당신에게 고의적으로 이런 악수를 청하면 다음과 같은 방법
으로 대처하라.

1. 왼발부터 내밀어라

파워게임을 원하는 사람(남자일 확률이 높다.)이 지배적인 악수를 시도
하면 상대의 손을 비틀어 동동한 악수 자세로 바꾸기가 매우 어렵
다. 이럴 때는 일단 손을 내밀면서 당신의 왼발을 한 발 앞으로 내디
뎌 보자. 약간의 연습이 필요할 것이다. 대략 90퍼센트의 사람들이
악수를 할 때 자연스럽게 오른발부터 내밀기 때문이다. 그런 다음
오른발을 앞으로 내밀면서 상대방의 정면으로 다가가 그의 개인 공
간을 파고들어야 한다. 끝으로 자신의 왼쪽 다리를 오른쪽 다리 앞
쪽으로 끌어오면서 맞잡은 상대의 손을 흔든다. 이 기술을 사용하면

상대방이 권위를 행사하려고 다가온다.

왼발을 한 발 내밀어 앞으로 내딛는다.

오른발을 앞으로 내디디며 상대의 손을 비틀어 손바닥을 위로 향하게 만든다.

손을 수직으로 세우거나 심지어 상대를 복종적인 자세로 바꿔놓을 수 있다.

자신이 악수하는 모습을 분석해 보고, 손을 뻗을 때 오른발과 왼발 중 어느 쪽을 앞으로 내미는지 살펴보라. 대부분의 사람들이 오른발을 먼저 내딛기 때문에 상대방이 지배적인 악수를 시도해 올 때 불리한 입장에 처한다. 하지만 악수할 때 왼발을 먼저 내미는 연습을 해두면, 상대의 파워게임에 적절하게 대응할 수 있을 것이다.

2. 양손을 이용하라

파워게임을 시도하는 상대가 손바닥을 아래로 향해 불쑥 내민다면 일단 손바닥을 위로 향하는 자세로 악수를 받은 다음, 왼손으로 상대의 오른손을 감싸 양손으로 악수하면서 손을 수직으로 세우면 된다. 이렇게 하면 주도권이 당신에게 넘어오면서 대처하기 쉬워진다.

양손 악수는 특히 여성이 활용하기 좋은 방법이다. 만약 상대가 파워게임을 위해 일부러 위협적인 행동을 하는 느낌이 든다면, 상대

양손으로 악수하기

손등을 잡는 악수는 최후의 수단이다.

의 손등을 잡고 흔들어라. 단, 이 동작은 상대에게 충격을 줄 수 있으므로 최후의 수단으로 사용해야 한다.

차갑고 축축한 악수

땀에 젖어 축축한 손을 잡고 악수하고 싶은 사람은 없을 것이다. 낯선 사람을 만나 긴장을 하면, 싸우거나 도망칠 준비를 하기 위해 혈액이 손의 진피층을 빠져나가 팔과 다리 근육으로 몰린다. 그리고 손의 체온이 떨어지고 땀이 나기 시작한다. 차갑고 축축한 손과 악수하는 것은 죽은 생선을 잡고 있는 느낌과 비슷하다. 그러므로 주머니나 핸드백 속에 손수건을 가지고 있다가 미리 손바닥을 닦도록 하자. 아니면 낯선 사람을 만나기 전에 모닥불 앞에서 불을 쬔다는 상상을 해보는 것도 좋다. 이런 상상만으로도 손바닥 체온이 3~4도 정도 올라간다고 한다.

사진의 왼쪽에 서라

국가 원수들이나 단체의 리더들이 나란히 서서 사진을 찍을 때 키나 풍채, 복장이 비슷해도 왼쪽에 있는 사람이 옆에 있는 사람보다 더 강력한 주도권을 쥐고 있는 것처럼 보인다. 왼쪽에 위치한 사람이 악수를 할 때 위에서 누르는 자세를 취하기가 쉽기 때문이다.

1960년 존 F. 케네디와 리처드 닉슨이 텔레비전에 앞서 찍은 사진을 보면 확연히 드러난다. 당시는 보디랭귀지에 대한 인식이 거의 없던 시절이었지만, 케네디는 직관적으로 보디랭귀지를 이용하는 법을 알고 있었던 듯하다. 케네디는 사진의 왼쪽에 서서 손바닥을 아래로 향하는 악수를 좋아했다.

두 후보가 벌인 유명한 대선토론은 보디랭귀지의 위력을 유감없이 보여주었다. 여론조사 결과 라디오로 토론을 청취한 사람들은 대부분 닉슨이 더 잘했다고 확신한 반면, 텔레비전으로 토론을 시청한 사람들은 케네디가 승자라고 생각했다. 케네디는 설득력 있는 보디랭귀지를 효과적으로 이용하여 대선을 승리로 이끌었다.

사진의 왼쪽에 선 존 F. 케네디가 리처드 닉슨보다 권위 있어 보인다.

정치가의 악수

전 세계 사업가들이 가장 선호하는 악수법은 양손으로 악수하는 것이다. 악수를 하면서 상대방과 눈을 맞추고 다정한 미소를 지으며 자신감 넘치는 목소리로 상대의 안부를 묻기도 한다.

'정치가의 악수'라고도 불리는 양손 악수법은 신체 접촉 면적이 넓고 악수를 먼저 청한 사람이 상대의 오른손을 제압하기 때문에 상대를 통제할 수 있다. 보통 자신이 정직하고 믿을 만한 사람이라는 인상을 주기 위해 양손 악수를 시도하는데, 처음 만난 사람에게 청할 경우 자칫 역효과를 일으킬 수도 있다. 대부분의 사람들은 자기 방어를 위해 오른팔을 앞으로 휘두르는 능력을 타고나는데, 양손 악수는 이런 방어 능력을 무력화시키기 때문이다.

양손 악수는 가벼운 포옹과 같기 때문에 포옹이 허용되는 상황이나 개인적인 교류가 있는 사람에게 시도하는 것이 좋다. 오랜 친구 같은 감정적 유대가 형성된 관계에서는 자기 방어가 필요 없기 때문에 진심으로 받아들여진다.

양손 악수는 감정적인 교류가 오가는 사이에서만 하는 것이 좋다.

양손 악수를 할 때 다음 2가지를 주의해야 한다. 첫째, 왼손은 악수를 청하는 사람이 전달하고자 하는 감정의 깊이를 표현한다. 이는 왼손으로 상대의 오른팔 어느 부분을 잡는가와 관련이 있다. 마치 포옹을 할 때처럼 왼손의 위치는 친밀감의 척도가 된다. 왼손이 상대방 팔의 위쪽으로 올라갈수록 더 깊은 친밀감을 표현하는 것이다. 하지만 이런 행동은 상대방과의 친밀감을 보여주는 동시에 상대를 통제하려는 의도를 포함한다.

예를 들어 양손으로 악수할 때 왼손으로 상대의 팔꿈치를 잡는 것은 손목을 잡는 것보다 친밀감이 깊지만 통제하려는 의도도 강하다. 마찬가지로 어깨를 잡는 것은 위팔을 잡는 것보다 더 깊은 친밀감과 통제 의도를 전달한다.

둘째, 양손 악수를 할 때 상대의 손목을 잡는 것과 팔꿈치를 잡는 것은 대체로 가까운 사이에서만 허용된다. 이때 악수를 청하는 사람

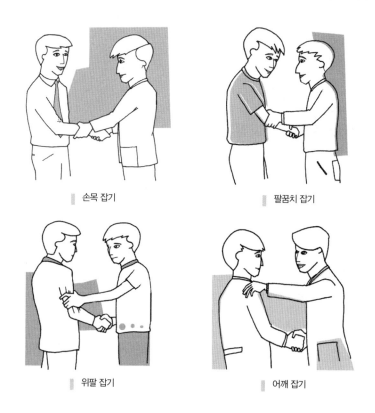

손목 잡기 　　　　　　　　　　　 팔꿈치 잡기

위팔 잡기 　　　　　　　　　　　 어깨 잡기

의 왼손이 상대방의 개인 공간을 살짝 침범하게 된다. 어깨를 잡는 것과 위팔을 잡는 것은 굉장히 친밀한 관계에서 이루어지는 것이므로 포옹으로 연결될 수도 있다.

한쪽만 친밀감을 느끼는 상황 혹은 특별히 양손 악수를 해야 할 이유가 없는 상황에서 양손 악수를 청하면 상대방은 당신의 의도를 의심할 것이다. 반대로 만약 당신과 개인적인 친분이 없는 사람이 양손 악수를 시도해 온다면 그의 속셈이 무엇인지 알아볼 필요가 있다.

정치가들이 유권자를 만날 때나 사업가가 고객을 만날 때 양손 악수를 하는 경우가 많다. 그러나 이것이 오히려 사람들의 반감을 살 위험이 있다는 사실을 알아야 한다.

부시와 블레어의 파워게임

2003년 이라크 전쟁 당시, 조지 W. 부시 미국 대통령과 토니 블레어 영국 총리는 '동등한 위치의 강력한 동맹'의 이미지로 언론에 소개되었다. 그러나 두 사람의 사진을 자세히 분석해 보면 조지 부시가 주도권을 쥐고 있다는 사실이 드러난다.

다음 사진에서 부시는 사진의 왼편에서 자신의 손이 위로 가도록 살짝 몸을 기울이고 있다. 부시는 군대 총사령관처럼 보이는 복장인 반면 블레어는 교장선생님께 불려온 초등학생 같은 옷차림이다. 부시는 양발을 단단히 딛고 블레어를 제압하기 위해 어깨를 감싸 안

악수하는 손의 위치, 사진에서의 자리, 복장 등 모든 면에서 조지 부시의 완승이다.

고 있다. 이런 식으로 지배적인 인상을 주고 상대를 통제하기 위해 부시는 사진의 왼쪽에 자리 잡는 경우가 많았다.

만약 당신이 블레어처럼 사진의 오른편에 서게 되었을 때 파워 게임에서 밀리고 싶지 않다면 상대를 향해 다가가면서 되도록 빨리 팔을 뻗어라. 상대가 악수에 응하기 위해 어쩔 수 없이 당신을 향해 몸을 돌리게 된다. 이렇게 하면 상대와 동등한 위치에서 악수를 할 수 있다. 만약 사진이나 비디오 촬영을 하고 있다면, 항상 사진의 왼쪽을 차지할 수 있는 방향에서 상대에게 접근하라. 최악의 경우 양손 악수를 활용하면 동등한 위치를 확보할 수 있다.

세상에서 가장 짜증나는 악수

8가지 최악의 악수를 소개한다. 어떤 경우에도 절대 이런 악수를 하지 않도록 주의해야 한다.

1. 죽은 생선 악수(신뢰도: 10점 만점에 1점)

악수를 했을 때 죽은 생선을 맨손으로 잡는 느낌이 든다면 이보다 기분 나쁜 첫인사가 또 있을까? 손이 차갑고 끈적거리기까지 한다면 정말 최악이다. 힘없이 축 늘어진 손은 쉽게 뒤집어지기 때문에 나약한 사람으로 보이기 쉽다. 그리고 상대와의 만남에 열의가 부족하다는 인상을 줄 수도 있다.

그러나 문화에 따라 이런 악수를 긍정적으로 보기도 한다. 일부 아시아와 아프리카 국가에서는 힘없는 악수가 정상이고 힘주어 쥐는 악수를 공격적이라고 여긴다.

손바닥은 땀샘이 많은 부위 중 하나인 탓에 땀이 나면 유난히 손바닥부터 축축해진다. 그러나 놀랍게도 많은 사람들이 자신의 손이 축축하다는 사실을 모르고 있다. 따라서 친구들한테 자신이 어떤 식으로 악수하는지 솔직하게 물어보는 것이 바람직하다.

2. 바이스vice 악수(신뢰도: 10점 만점에 4점)

이 악수법은 조용하지만 강력하여 주로 사업가들이 선호한다. 상대에 대한 지배욕을 드러내면서 일찌감치 상하관계를 정리하거나 관계를 통제하겠다는 의도를 보여준다.

일단 손바닥을 아래로 향하게 내민 다음 짧고 강하게 아래쪽으로 한 번 흔들고, 다시 두세 번 정도 힘껏 흔든 다음 상대의 손을 피가 안 통할 정도로 꽉 쥔다. 스스로 나약하다고 느끼는 사람이 상대를 두려워하여 바이스 악수를 시도하는 경우가 종종 있다.

죽은 생선 악수   바이스 악수

3. 손뼈를 부술 듯 강한 악수(신뢰도: 10점 만점에 0점)

바이스 악수의 친척쯤 되는 가장 무시무시한 악수법이다. 이것은 지
나치게 공격적인 사람들이 주로 사용하며 다짜고짜 상대방의 손가
락을 으스러지도록 잡아 사기를 꺾으려 한다. 하지만 이는 상대의
손가락과 마음에 지울 수 없는 상처만 남길 뿐, 악수를 청한 사람 외
에 아무도 원하지 않는 악수법이라고도 할 수 있다.

그래서 업무상 사람을 만날 때 오른손에 반지를 끼지 않도록 주
의하는 것이 좋다. 혹시라도 이런 악수를 하는 사람을 만나면 손을
다칠 수 있다.

불행히도 이 악수에 효과적으로 맞설 방법이 없다. 만약 상대방
이 고의로 매우 세게 손을 쥔다 싶으면 "아야! 손이 아파요. 손힘이
정말 세시군요."라는 말로 주변에 알리는 정도가 전부일 뿐이다.

4. 손가락 끝을 약하게 잡는 악수(신뢰도: 10점 만점에 2점)

남자와 여자가 악수를 나눌 때 자주 벌어지는 상황으로, 상대방의
손을 제대로 잡지 못하고 손가락 끝만 겨우 잡고 악수를 나눈다. 이

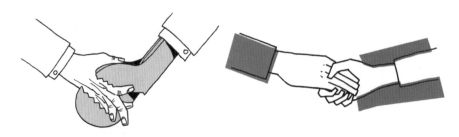

▌ 상대의 손뼈를 부술 듯 강한 악수   ▌ 손가락 끝을 약하게 잡는 악수

런 경우 악수를 청한 남자는 겉으로는 적극적인 태도를 보이는 듯 해도 사실은 자신감이 부족한 사람일 수 있다. 상대방과 어느 정도 거리를 유지하려는 의도가 담겨 있기 때문이다.

또 악수를 나누는 두 사람의 개인 공간이 서로 다를 때도 이런 악수가 나타날 수 있다. 한 사람은 개인 공간이 60센티미터인데 반해 다른 사람의 개인 공간이 90센티미터라면, 후자는 악수를 나누는 동안 더 뒤로 물러나려 할 것이다. 그렇게 되면 두 사람은 손을 제대로 잡지 못하고 손가락 끝만 잡게 된다.

혹시 이런 악수를 하게 된다면 왼손으로 상대방의 오른손을 잡은 다음, 자신의 오른손에 똑바로 대고 이렇게 말하라. "다시 한번 하시죠!" 그리고 제대로 악수를 나눠라. 그러면 악수를 다시 시도할 만큼 당신이 상대와의 만남을 소중하게 여긴다는 인상을 줄 수 있다.

5. 뻣뻣하게 팔을 쭉 펴는 악수(신뢰도: 10점 만점에 3점)
손바닥을 아래로 향한 채 불쑥 내미는 악수처럼 팔을 쭉 펴서 밀어 넣는 악수도 공격적인 사람이 선호하는 악수법이다. 이런 악수의 주 목적은 상대방과 거리를 유지하고 자신의 개인 공간을 보호하는 것

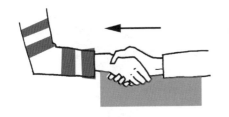
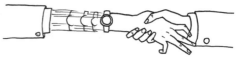

뻣뻣하게 팔을 쭉 펴는 악수   손목을 뽑을 듯 잡아당기는 악수

이다. 시골에서 자란 사람들이 도시 출신들보다 넓은 개인 공간을 필요로 하기 때문에 이런 악수를 선호하는 경향이 강하다.

　팔을 쭉 펴는 악수를 하는 사람들은 상대방과 거리를 유지하기 위해 상체를 앞으로 기울이거나 한 발로 균형을 유지하기도 한다.

6. 손목을 뽑을 듯 잡아당기는 악수 (신뢰도: 10점 만점에 3점)

파워게임을 즐기는 사람들이 가장 선호하는 악수법으로, 상대는 고통에 눈물을 흘리거나 심한 경우 인대가 늘어나기도 한다. 이것은 팔을 굽혀 상대의 손을 잡아당기는 악수보다 한 차원 높은 방법이다.

　먼저 상대가 내민 손을 꽉 쥐면서 상대방 쪽으로 한 번 세게 밀어준 후, 다시 상대를 자기 쪽으로 홱 잡아당긴다. 상대는 몸의 균형을 잃고 두 사람의 관계는 시작부터 삐걱거리게 된다.

　악수를 하면서 상대방을 자신의 영역으로 끌어당기는 것은 다음의 3가지 중 하나를 의미한다. 첫째, 악수를 청하는 사람이 자신의 개인 공간 안에서만 편안함을 느끼거나 둘째, 악수를 청하는 사람의 개인 공간이 상대의 개인 공간보다 좁은 경우다. 셋째, 상대방이 균

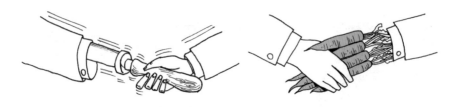

펌프 손잡이처럼 흔드는 악수　　　　　네덜란드식 악수

형을 잃게 만들어 통제권을 확보하려고 하는 것이다. 이 중 어느 것이든 상대방을 자기 마음대로 휘두르려는 욕구를 가지고 있다.

7. 펌프 손잡이처럼 흔드는 악수(신뢰도: 10점 만점에 4점)

악수를 청하는 사람이 상대방의 손을 꽉 잡고 펌프 손잡이를 흔들 듯 힘차게 아래위로 재빨리 흔드는 악수다. 7번까지는 그런대로 참을 만하지만, 정말 물이라도 끌어올리듯 한없이 손을 흔들어대는 사람이 있다.

　때로는 손 흔들기를 멈추고도 상대방의 손을 계속 붙잡고 놔주지 않는 사람이 있다. 그런데 흥미로운 점은 상대방도 굳이 손을 빼려 하지 않는다는 것이다. 신체적 접촉이 오래 지속되다 보니 냉정하게 손을 뿌리치기가 어려운 모양이다.

8. 네덜란드식 악수(신뢰도: 10점 만점에 2점)

이 악수법은 네덜란드에서 유래되었다. 네덜란드에서는 '당근 뭉치처럼 악수한다.'라고 흉보는 말이 있다. '죽은 생선 악수'와 약간 비슷하지만, 덜 축축하고 더 뻣뻣하다.

젊은 세대들은 이런 악수를 '젖은 행주 악수'라고도 부르는데 따로 설명하지 않아도 어떤 느낌일지 짐작할 수 있을 것이다.

완벽한 악수

우리는 사람을 처음 만났을 때 어떤 인상을 주고받느냐에 따라 좋은 관계를 만들 수도, 깨뜨릴 수도 있다는 사실을 잘 알고 있다. 하지만 자신이 처음 만나는 사람에게 어떤 인상을 주는지 아는 사람은 별로 없다.

시간을 들여 친구나 동료들과 악수하는 방식에 대해 이야기하고 연습해 보라. 긍정적인 인상을 줄 악수법을 금방 학습할 수 있을 것이다. 손바닥을 수직으로 세우고 상대와 동일한 힘으로 손을 쥐면 대부분 완벽한 악수라고 평가한다.

3장

미소와 웃음

위험과 위기를
모면하는 해결책

Q

우리가 믿어야 할 3가지가 있다. 신, 인간의 어리석음, 웃음이다.
앞의 두 가지는 우리 인식의 범주를 넘어서는 것이다.
그러므로 우리는 웃음으로 할 수 있는 일을 해야 한다.

— 존 F. 케네디

방을 둘러보던 밥Bob의 눈에 매력적인 갈색 머리 여성이 들어왔다.
그녀도 밥을 향해 미소를 짓는 것 같았다. 눈치가 빠른 밥은 냉큼 여
자 쪽으로 자리를 옮겨 말을 걸었다. 여자는 별로 말이 없었지만 미
소를 머금고 있었다. 밥은 계속 대화를 시도했다. 때마침 밥의 친구가
옆을 지나다가 이렇게 속삭였다. "밥, 포기해. 저 여자는 너를 얼간이
라고 생각하고 있어." 밥은 깜짝 놀랐다. '저렇게 날 보며 미소를 짓고
있는데 믿을 수 없어.' 밥은 입술을 꽉 다물고 치아를 드러내지 않은
채 짓는 여성의 미소가 무엇을 의미하는지 전혀 몰랐던 것이다.

미소와 관련한 최초의 과학적 연구는 19세기 초반 프랑스 과학자
기욤 뒤셴 드 불로뉴에 의해 시작되었다. 전기진단 검사와 전기자극
을 사용하여 진짜 기쁨의 미소와 기쁜 척하는 미소를 구분했다. 그
는 사람의 얼굴 근육이 어떻게 움직이는지 연구하기 위해 단두대에
서 처형 당한 죄수들의 머리를 분석했다. 얼굴 근육을 여러 방향에

서 잡아당기면서 미소를 만들어내는 근육을 분류하고 기록했다.

그는 미소를 조절하는 2가지 근육을 알아냈다. 얼굴 측면을 따라 분포하며 입꼬리와 연결되어 있는 대관골근(큰광대근)과 두 눈을 뒤로 잡아당기는 안륜근(눈둘레근)이 그것이다. 대관골근은 입을 뒤로 잡아당겨 치아를 드러내고 뺨을 확장시킨다. 안륜근은 눈을 가늘게 만들고 눈가에 잔주름을 만든다. 대관골근은 의식적인 통제가 가능하기 때문에 우호적 혹은 순종적으로 보이기 위해 즐거움을 가장하는 거짓 미소를 지어보일 때 사용된다. 반면 안륜근은 의식적으로 통제하기 힘든 근육이기 때문에 진실로 즐거울 때 나오는 미소를 만든다. 따라서 미소의 진실성을 확인하려면 먼저 눈가의 주름을 살펴보면 된다.

진실한 미소를 지으면 눈가에 주름이 진다.
거짓 미소를 지으면 입만 웃는다.

캘리포니아대학교의 폴 에크만 교수와 켄터키대학교의 웰레스 V. 프리센 박사는 '얼굴움직임부호화시스템FACS'이라는 장치를 고안하여 진짜 미소와 거짓 미소를 구분한다.

진짜 미소는 뇌의 무의식적 작용에 의해 만들어진다. 즉 진실한 미소는 자동적으로 짓게 된다. 즐거움을 느끼면 그 신호가 뇌의 감정처리 영역으로 전달되어 입 주변 근육이 움직이고 뺨이 위로 올라간다. 또 눈가에 주름이 잡히고 눈썹이 살짝 처진다.

사진을 찍을 때 '김치'라고 말하면 대관골근이 뒤로 당겨져 미소

누가 진짜 미소를 짓고 있을까?

를 짓게 된다. 이것은 거짓 미소다. 거짓 미소도 열심히 짓다 보면
눈가에 주름이 생기고 뺨이 위로 올라가기 때문에 진짜 미소와 구
분하기 힘들 때도 있다. 하지만 거짓 미소와 진짜 미소를 구분하는
또 다른 방법이 있다. 거짓 미소와 달리 진짜 미소를 지으면 눈두덩
이가 아래로 내려가고 눈썹 끝도 살짝 처진다.

미소는 복종의 신호다

미소와 웃음은 보편적인 행복의 신호로 여겨진다. 사람은 울면서 태
어나지만 5주쯤 지나면 미소를 짓기 시작한다. 그러다 생후 4~5개
월부터 웃기 시작한다. 아기들은 울면 어른들의 관심을 끌 수 있고,
미소를 지으면 어른들을 곁에 붙들어 둘 수 있다는 것을 배운다. 하
지만 인간과 가장 가까운 영장류인 침팬지를 대상으로 한 연구에
따르면, 미소에는 보다 심오하고 원시적인 목적이 있다는 것을 알

공포의 표정 　　　　　　　　　놀이의 표정

수 있다.

침팬지는 공격성을 보여주기 위해 아래 송곳니를 드러낸다. 언제든 달려들어 물 수 있다고 경고하는 것이다. 인간도 공격성을 보일 때 아랫니를 감추는 역할을 하는 아랫입술을 벌리거나 앞으로 내미는 동작을 한다.

침팬지는 2가지 종류의 미소를 짓는다. 하나는 지배적인 침팬지에게 복종을 표시하는 '공포의 표정'이다. 이때는 침팬지의 아래턱이 벌어져 치아가 드러나고 입꼬리가 뒤로 당겨지면서 아래로 처진다. 사람의 미소와 매우 비슷한 표정이 된다. 다른 하나는 '놀이의 표정'이다. 치아를 드러내고 입꼬리와 눈이 아래로 처진다. 그리고 사람과 비슷한 웃음소리를 낸다.

두 미소 모두 복종의 몸짓이라고 할 수 있다. 공포의 표정은 '나는 위협적인 존재가 아닙니다. 보시다시피 이렇게 당신을 두려워하고 있잖아요.'라는 의미를, 놀이의 표정은 '나는 위협적인 존재가 아닙니다. 보시다시피 이렇게 놀고 싶어 하는 어린아이일 뿐이잖아요.'

라는 의미를 전달한다. 다른 침팬지의 공격을 두려워하는 침팬지도 똑같은 표정을 짓는다. 대관골근이 입꼬리를 수평 혹은 아래쪽으로 끌어당기지만 안륜근은 움직이지 않는다. 혼잡한 도로에 발을 내딛다가 버스에 치일 뻔한 사람이 놀란 가슴을 쓸어내리며 짓는 불안한 미소와 비슷하다. 무시무시한 경험에 대한 반응으로 우리는 미소를 지으며 이렇게 말한다. "하마터면 죽을 뻔했네."

사람이 미소를 짓는 목적은 다른 영장류와 비슷하다. 상대에게 자신이 위협적인 존재가 아니라는 사실을 알리고 자신을 친구로 받아들여 달라고 요청하는 것이다. 그래서 푸틴 러시아 대통령이나 마거릿 대처 전 영국 수상 같은 정치가들, 클린트 이스트우드나 찰스 브론슨 같은 남성미가 강한 배우들은 복종하는 인상을 주지 않기 위해 항상 부루퉁하고 공격적인 표정을 짓고 거의 미소를 보이지 않는다.

미소는 전염된다

미소는 놀라운 전염성을 가지고 있다. 당신이 누군가에게 미소를 지으면 상대방도 미소로 화답한다. 두 사람 모두 거짓 미소를 꾸미더라도 말이다.

스웨덴 웁살라대학교의 울프 딤버그 교수는 실험을 통해 얼굴 근육의 무의식적 통제를 확인했다. 딤버그는 120명의 피실험자들에게 행복한 얼굴을 찍은 사진과 화난 얼굴을 찍은 사진을 보여주었다.

그리고 근육섬유의 전기 신호를 포착하는 장치를 이용하여 얼굴 근육의 움직임을 측정했다. 피실험자들은 사진을 보면서 지시대로 찡그린 얼굴, 미소 짓는 얼굴, 무표정한 얼굴을 지었다. 때로는 사진과 정반대되는 표정을 지어야 했다. 미소 짓는 사진을 보고 얼굴을 찡그리거나 찡그린 얼굴을 보고 미소를 지어야 했던 것이다.

실험 결과 피실험자들은 자신의 얼굴 근육을 온전히 통제하지 못하는 것으로 밝혀졌다. 화난 얼굴 사진을 보고 얼굴을 찡그리는 것은 쉬웠지만, 미소를 짓는 것은 어려웠다. 피실험자들이 의식적으로 통제하려고 노력해도 자기도 모르게 얼굴 근육이 씰룩이는 것을 막을 수 없었다. 따라하지 않으려고 노력하는 순간에도 눈앞에 보이는 표정을 흉내내고 있었다.

런던대학교의 루스 캠벨 교수는 사람의 뇌에 '거울 뉴런'이 있다고 얘기했다. 거울 뉴런은 얼굴 표정을 인지하고 즉각적인 흉내내기를 유발한다. 다시 말해 스스로 인식하든 아니든 인간은 눈에 보이는 얼굴 표정을 자동적으로 따라한다는 것이다.

따라서 미소 지을 기분이 아닐 때라도 주기적으로 미소 짓는 훈련이 필요하다. 미소는 자신은 물론 다른 사람의 태도와 반응에 직접적인 영향을 미치기 때문이다.

미소를 더 많이 지을수록 상대로부터 긍정적인 반응을 얻어낼 수 있다.

우리는 30년 이상 영업 전략과 협상 과정을 연구한 결과, 적당한 시기에 미소를 지으면 협상 당사자들이 서로 긍정적인 반응을 이끌

어낼 수 있다는 사실을 알아냈다. 즉 미소가 보다 성공적인 결과와
높은 판매실적으로 이어진 것이다.

거짓 미소 연습하기

앞에서 말했듯이 대부분의 사람들은 거짓 미소와 진실한 미소를 구
분하지 못한다. 그러나 거짓이든 진실이든 누군가 자신에게 미소를
지어주면 기분이 좋아진다.

미소란 사람을 무장해제시키는 몸짓이기 때문에, 일반적으로 거
짓말쟁이들은 미소를 자주 지을 거라고 생각한다. 하지만 폴 에크만
의 연구에 의하면 사람(특히 남자)은 고의적인 거짓말을 할 때 평소
보다 미소를 덜 짓는 것으로 밝혀졌다. 에크만은 사람들이 거짓말을
할 때 미소를 지을 것이라고 생각한다는 것을 거짓말쟁이들이 알기
때문에 의도적으로 미소의 빈도를 줄이는 것이라고 분석했다.

거짓 미소는 한쪽 얼굴에 더 강하게 나타나는 경향이 있다. 얼굴
표정을 조절하는 대뇌 피질이 우뇌에 자리 잡고 있어서 신체의 좌
측에 신호를 보내기 때문이다. 결과적으로 거짓 감정은 오른쪽 얼굴
보다 왼쪽 얼굴에 더 두드러져 보인다. 반면에 진실한 미소를 지을
때는 양쪽 뇌가 얼굴의 양쪽에 동일한 신호를 보내 좌우대칭적인
미소가 만들어진다.

매일 보는 5가지 미소 유형

우리가 매일 접할 수 있는 5가지 평범한 미소를 골라 분석해 보자.

1. 입술을 꽉 다문 미소

입술을 꽉 다물고 옆으로 당겨 일자를 만들고 치아를 거의 내보이지 않는 미소는 상대에게 비밀이나 숨기는 것이 있다는 메시지를 전달한다. 보통 여자들이 상대 남자가 마음에 들지 않는다는 속마음을 감출 때 흔히 이런 미소를 짓는다. 같은 여자끼리는 이 미소가 거절의 신호임을 단박에 알아차리지만 불행히도 남자들은 거의 눈치채지 못한다.

한 여자가 다른 여자에 대해 "저 여자는 정말 능력 있고 대단한 사람이야."라고 칭찬하면서 입술을 꽉 다물고 미소를 짓는다면 아마 속으로는 '정말 공격적이고 오만한 여자야, 재수 없어!'라고 생각했을 가능성이 높다.

또 잡지 기사에 등장하는 성공한 사업가들이 자주 이런 미소를 짓는다. 대부분 '나만 아는 성공 비결이 있지만, 안 가르쳐 줄 거야.'라는 의미를 전달한다. 그들의 인터뷰를 읽어 보면 누구나 아는 뻔한 이야기만 늘어놓을 뿐 진짜 비결을 밝히는 경우가 거의 없다.

입술을 꽉 다문 미소는 비밀을 숨기고 있다는 것을 뜻한다.

이와 반대로 창조적이고 도전적인 경영으로 유명한 영국 버진 그룹 회장 리처드 브랜슨 같은 괴짜 사업가는 항상 치아를 다 드러내고 환한 미소를 지으며 자신의 성공 비결을 세세히 다 털어놓는다. 아마 남들이 자신을 따라하지 못할 거라는 사실을 알고 있기 때문일 것이다.

2. 일그러진 미소

이 미소는 얼굴 양쪽에 상반되는 감정이 드러난다. 아래 그림 A를 보면 우뇌가 왼쪽 눈썹과 왼쪽 대관골근, 왼쪽 뺨을 위로 끌어올려 얼굴 왼쪽에 미소를 짓게 만든다. 반면 좌뇌는 얼굴 오른쪽의 같은 근육들을 아래로 끌어내려 화나서 찡그린 얼굴을 만든다.

만약 그림 A의 한가운데에 거울을 수직으로 세워 얼굴 양쪽을 각각 비춰 보면 정반대의 감정을 드러내는 두 개의 얼굴을 만들어 낼 수 있다. 왼쪽 얼굴을 반사시켜 만든 그림 B는 가식적인 미소를 띠고 있는 반면, 오른쪽 얼굴을 반사시켜 만든 그림 C는 화나서 찡그린 얼굴이다. 일그러진 미소는 서구 사회에서 많이 볼 수 있는 표

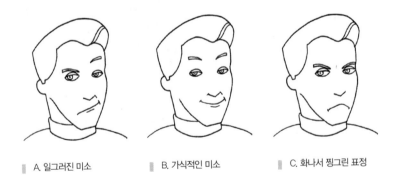

A. 일그러진 미소   B. 가식적인 미소   C. 화나서 찡그린 표정

정으로, 일부러 이런 표정을 짓는 것은 빈정거림을 나타내기 위해서다.

3. 아래턱을 내려 짓는 미소

아래턱만 아래로 내려 짓는 미소는 영화 〈배트맨〉의 악당 조커나 빌 클린턴, 휴 그랜트 같은 사람들이 애용한다. 주로 관객을 즐겁게 만들거나 유권자들에게서 표를 많이 얻기 위해 이런 미소를 자주 짓는다.

4. 옆으로 살짝 올려다보는 미소

고개를 숙이고 살짝 옆을 보면서 입술을 꽉 다물고 미소를 지으면 장난기 넘치는 어린아이 같으면서도 비밀스러운 느낌을 줄 수 있다. 이 수줍은 미소는 남성의 보호 본능을 자극한다. 고故 다이애나 왕세자비가 이 미소로 전 세계인의 마음을 사로잡았다. 이 미소는 남자를 매혹하는 유혹의 무기가 되기도 한다.

다이애나 왕세자비의 이 미소는 남녀불문 모든 사람을 사로잡았다.

5. 능글맞은 미소

조지 W. 부시 대통령은 항상 능글맞게 웃고 있는 얼굴로 유명했다.

그는 텍사스 출신인데, 텍사스 사람들은 다른 지역 출신 미국인들보다 더 많이 미소를 짓는 편이다. 텍사스에서는 미소를 짓고 있지 않으면 "무슨 화나는 일 있어?"라는 질문을 받을 수 있다. 반대로 뉴욕에서 별 이유 없이 미소를 짓고 있으면 "뭐가 그렇게 우스워?"라는 핀잔을 들을지도 모른다.

지미 카터 전 대통령 역시 남부 출신으로 항상 미소 띤 얼굴이었다. 북부 출신들은 카터의 얼굴을 보면서 혹시 자신들이 모르는 뭔가를 알고 있는 것이 아닌가 두려워했다.

항상 미소를 지어라. 그러면 모든 사람이 당신에게 무슨 일이 있는지 궁금해 할 것이다.

웃음은 최고의 명약

미소와 마찬가지로 웃음은 건강을 증진시키고 수명을 연장시킨다. 웃음이 모든 신체 기관에 긍정적인 영향을 미치기 때문이다. 웃으면 호흡이 빨라져 횡격막과 목, 위와 얼굴, 어깨 등이 운동을 하게 된다. 또한 혈액 속 산소량이 증가해 치유 속도가 빨라지고 혈액 순환이 좋아지며 피부 표면 가까이 있는 혈관이 확장된다. 그래서 웃으면 얼굴이 빨갛게 달아오르는 것이다. 그리고 심장 박동이 느려지고 동맥이 확장되며 식욕이 좋아진다.

신경학자 헨리 루벤스타인은 1분 동안 신나게 웃는 것이 45분 동안 휴식을 취한 것과 같은 효과가 있다는 사실을 발견했다. 스탠포드대학교의 윌리엄 프라이 교수 역시 100번 웃으면 10분 동안 운동을 한 것과 동일한 유산소 운동 효과를 얻을 수 있다고 했다. 의학적으로 웃음이 신체 건강에 도움이 된다는 의미다.

연구에 의하면 특별히 행복하지 않아도 웃거나 미소를 지으면 좌뇌의 '행복 영역' 일부에 전기 활동이 나타난다고 한다. 다양한 웃음 연구로 유명한 위스콘신대학교의 심리학과 및 정신의학과 교수인 리처드 데이비슨 교수는 뇌 활동을 측정하는 EEG(뇌파검사) 장치를 착용한 피실험자에게 코미디 영화를 보여주었다. 실험 과정에서 피실험자가 미소를 지을 때마다 행복 영역이 활성화되었다. 의도적으로 유발시킨 미소와 웃음도 뇌를 자극하여 행복을 느끼게 만든다는 것을 증명한 것이다.

노스캐롤라이나대학교 심리학과 교수 아니 칸은 유머가 스트레스 해소에 도움이 된다는 사실을 알아냈다. 칸은 우울증 초기 증상을 보이는 환자들을 대상으로 실험을 실시했다. 두 집단으로 나뉜 피실험자는 3주 동안 비디오를 시청해야 했다. 코미디 비디오를 시청한 집단은 평범한 비디오를 시청한 집단보다 우울증 증상이 호전되었다.

또 칸은 궤양 환자들이 일반 사람들보다 눈살을 더 자주 찌푸린다는 사실을 알아냈다. 자신이 눈살을 자주 찌푸린다면 말을 할 때마다 손을 이마 위에 얹어 버릇을 고치도록 노력하라.

웃음은 스트레스를 줄이고 신체 치유를 돕는다. 웃음 치료의 창시자인 노만 커즌즈는 의사로부터 강직성척추염이라는 진단을 받왔다. 더 이상 치료가 불가능하며 끔찍한 고통 속에 죽음을 기다릴 수밖에 없었다. 커즌즈는 호텔에 방을 하나 잡아 놓고 찾을 수 있는 모든 코미디 영화를 빌렸다. 그는 가능한 한 큰 소리로 웃으면서 영화를 보고 또 보았다. 6개월 동안 자가 웃음 치료를 실시한 후 다시 병원을 방문했을 때, 의사는 깜짝 놀라며 그에게 완치 진단을 내렸다.

커즌즈는 자신의 경험을 토대로 《웃음의 치유력Anatomy of an Illness》이라는 책을 썼다. 이 책을 계기로 광범위한 엔도르핀 연구가 시작되었다. 엔도르핀은 웃을 때 뇌에서 분비되는 물질로, 모르핀이나 헤로인 같은 마약과 유사한 화학 구조를 갖고 있다. 그래서 신체를 진정시키는 동시에 면역체계를 강화시키는 효과를 발휘한다.

눈물이 나올 때까지 웃어라

심리학적·생리학적으로 웃음과 울음은 밀접한 관련이 있다. 최근 배꼽이 빠져라 웃었던 경험을 떠올려 보라. 그렇게 웃고 나서 어떤 느낌이 들었는가? 뇌에서 엔도르핀이 분비되어 '자연 흥분' 상태를 경험했을 것이다. 이것은 마약을 복용했을 때와 비슷한 흥분을 준다.

사람들은 엔도르핀과 동일한 효과를 얻기 위해 약물이나 술에 의존하기도 한다. 술은 이성을 느슨하게 만들고 자제심을 약화시키며 뇌에서 엔도르핀을 분비시킨다. 그래서 정서적으로 안정된 사람들일수록 술을 마시면 더 많이 웃고, 우울한 사람들은 평정심을 잃고 더욱 의기소침해지거나 폭력적으로 변하기도 한다.

폴 에크만은 미소를 짓거나 웃는 얼굴이 인간의 자율신경체계에 실제로 영향을 미치기 때문에 매력적으로 느끼는 것이라고 주장했다. 미소 짓는 얼굴을 보면 함께 미소를 짓게 되고 뇌에서 엔도르핀이 분비된다. 반대로 비참하고 불행한 감정이 가득한 사람들에 둘러싸여 있다면 그들의 표정에 감정이입되어 침울하고 우울해질 가능성이 높아진다.

당신만의 웃음치료실을 만들어라

1980년대에 일부 미국 병원에서 '웃음치료실'을 도입했다. 노만 커즌즈와 패치 애덤스 박사의 웃음 연구를 근거로 유머집이나 코미디 영화 등을 가득 채운 치료실을 설치한 것이다.

환자들은 매일 30~60분 정도 웃음치료를 받았다. 결과는 상당히 인상적이었다. 환자들의 건강이 좋아졌으며 그중 극적인 회복을 보인 사람도 있었다. 환자당 입원 기간이 단축되었고 환자들의 진통제 요구 횟수도 줄어들었으며 치료 과정도 훨씬 수월해졌다.

함께 있으면 더 많이 웃는다

로버트 프로빈은 혼자 있을 때보다 다른 사람들과 어울릴 때 웃을 확률이 30배나 높다는 사실을 발견했다. 이것은 웃음이 농담이나 재미있는 이야기 자체보다 사람들과 관계를 형성하는 과정과 더 관련이 깊다는 뜻이다. 우리의 웃음 중 농담으로 인한 웃음은 15퍼센트에 불과하다.

프로빈은 피실험자들이 혼자 있을 때, 낯선 동성과 함께 있을 때, 동성 친구와 함께 있을 때, 3가지 상황으로 나누고 코미디 비디오를 시청하는 모습을 녹화했다. 영화가 얼마나 재미있는지와는 상관없이, 혼자 영화를 본 집단은 다른 사람과 함께 본 집단에 비해 웃음의 횟수가 적고 웃는 시간도 짧았다. 다른 사람과 있을 때, 특히 친밀한 사람과 있을 때 더 자주 웃고 더 오래 웃었다.

입꼬리가 처진 표정

올라간 입꼬리는 행복한 기분을 나타내는 데 비해, 아래로 처진 입꼬리는 불행, 실망, 우울, 분노, 긴장 등의 감정을 나타낸다. 이런 부정적인 감정을 한평생 품고 살면 불행히도 입꼬리가 처진 표정으로 굳어버려 나중에 불독과 비슷한 얼굴이 된다. 연구에 의하면 사람들은 입꼬리가 처진 표정을 한 사람과 되도록 멀리 떨어져 눈도 맞추지 않으

입꼬리가 처진 표정으로 얼굴이 굳어버린 여성

려 하지 않는다.

자신이 이런 표정을 자주 짓는다면 꾸준히 웃는 연습을 하라. 나이가 들어서 동네 아이들이 무서워하는 심술궂은 늙은이가 되지 않도록 말이다.

여성의 미소

보스턴대학교의 마빈 헥트와 마리안 라 프랑스의 연구에 따르면 상황이 우호적이든 적대적이든 지위가 낮은 사람이 지위가 높고 지배적인 사람 앞에서 더 많은 미소를 짓는다는 것을 알 수 있었다. 반면에 지위가 높은 사람은 우호적인 상황에서만 지위가 낮은 사람 앞에서 미소를 지었다.

또 여자는 사교적인 자리든 업무를 위한 자리든 남자보다 더 많이 미소를 짓는데, 이로 인해 여자가 지위가 낮고 약해 보일 수 있다. 역사적으로 여성이 남성보다 열등한 지위에 있었기 때문이라고 주장하는 사람도 있다. 하지만 또 다른 연구에서 생후 8주된 여자아기가 남자아기보다 더 미소를 많이 짓는다는 결과가 나온 것을 보면, 미소는 학습하는 것이 아니라 타고나는 것으로 보인다.

캘리포니아대학교의 사회심리학자 낸시 헨리 박사는 여자의 미소를 '유화의 상징'이라고 표현했다. 헨리의 연구에 따르면 사회적 만남에서 여자는 전체 시간의 87퍼센트 정도 미소를 짓는 데 비해, 남자는 67퍼센트인 것으로 나타났다. 또한 이성의 미소에 미소로 응수할 확률도 여자가 26퍼센트 정도 높았다.

한 실험에서는 257명에게 행복한 표정, 슬픈 표정, 중립적인 표정들이 담긴 사진 15장을 보여주고 매력도를 평가하라고 했다. 그 결과, 슬픈 표정의 여성이 가장 낮은 평가를 받았다. 또 미소를 짓지 않은 여성의 사진이 불행해 보인다는 반면, 미소를 짓지 않은 남성의 사진은 지배적으로 보인다는 평가를 받았다.

따라서 여성들은 업무상 남자를 마주할 때 미소를 자제하거나 상대가 미소를 지을 때만 따라서 짓는 것이 좋다. 남자가 여자를 설득하는 경우라면 어떤 상황에서든 더 많은 미소를 보여주는 것이 중요하다.

남자의 유머 감각

로버트 프로빈은 연애를 할 때 남자보다 여자가 더 자주 웃고 더 많이 미소 짓는다는 사실을 발견했다. 남녀 사이의 웃음을 관찰하면 그들이 장차 얼마나 친밀한 관계로 발전할 수 있을지 판단이 가능하다. 즉 남자가 여자를 더 많이 웃게 만들수록 여자는 남자에게 매력을 느낀다. 다른 사람을 웃게 만드는 능력은 주도적인 사람의 특징이기 때문이다. 여자는 주도적인 남성을, 남성은 자신에게 잘 웃어주는 여자를 선호한다. 이것이 여자들이 사귀고 싶은 남자의 조건에서 유머 감각을 첫째로 꼽는 이유다.

남자들도 유머 감각이 얼마나 매력적인 가치인지 잘 알고 있다.

여자의 눈에 자신을 웃기지 못하는 남자는 왼쪽 사진처럼, 자신을 웃게 만든 남자는 오른쪽 사진처럼 보인다.

그래서 모임에서 다른 남자가 농담이나 우스갯소리로 분위기를 이끌어가면 (특히 주변의 여자들이 환하게 웃어줄 때) 불쾌감을 느낀다. 그리고 그 남자를 얼간이라고 생각하고 재밌지도 않은 농담을 한다고 폄하한다. 너무 낙심할 것 없다. 유머 감각은 학습이 가능하다.

4장

팔

관계와 감정을
차단하는 방어막

Q

눈이 보이지 않는 것보다는
마음이 보이지 않는 것이 더 두렵다.

— 탈무드

어린아이는 위협적인 상황에 처하면 탁자나 의자, 가구, 엄마의 치마폭 같은 은신처에 숨는다. 어딘가에 숨는 것이 마땅치 않을 때 양팔로 가슴 앞에 단단하게 팔짱끼는 법을 배운다. 더 자라서 십 대가 되면 양팔을 살짝 풀고 대신 다리를 꼬는 등 그 방식이 교묘하게 발전한다.

우리가 위협적이거나 혹은 바람직하지 않은 상황에서 한 팔 혹은 양팔로 가슴을 가로막아 장벽을 만드는 것은 자신을 방어하려는 무의식적인 동작이다. 가슴 앞으로 팔짱을 끼는 것은 심장과 폐를 보호하기 위한 선천적인 행동일 확률이 높다.

원숭이와 침팬지 같은 다른 영장류 동물들도 공격을 당할 때 자신을 보호하기 위해 비슷한 동작을 취한다. 분명한 것은 사람은 불안하거나 방어적인 태도를 취할 때 가슴 앞으로 팔짱을 껴서 자신을 위협으로부터 보호한다는 사실이다.

팔짱을 끼지 마라

미국에서 팔짱에 대한 연구를 진행했다. 첫 번째 피실험자 집단에게 다리를 꼬거나 팔짱을 끼지 않은 자연스럽고 편안한 자세로 강연을 듣게 했다. 강연이 끝난 뒤 피실험자들이 강연 내용을 얼마나 이해하고 기억하는지 시험을 보고, 연사에 대한 의견을 묻고 기록했다. 두 번째 피실험자 집단에게는 강연 내내 팔짱 끼고 참가하라는 지시를 내렸다. 실험 결과 두 번째 집단이 첫 번째 집단보다 강연 내용에 대한 기억도가 38퍼센트 떨어지는 것으로 밝혀졌다. 또 강연 내용이나 연사에 대해서 더 비판적인 태도를 보였다.

우리도 동일한 실험을 1989년에 1,500명의 피실험자를 대상으로 실시하여 거의 비슷한 결과를 얻었다. 피실험자가 팔짱을 끼고 있으면 연사에 대해 더 부정적인 태도를 갖게 되는 것은 물론이고 강연에 대한 집중력도 떨어졌다. 따라서 각종 훈련 센터나 교육기관에서는 참석자들이 팔짱을 끼지 못하도록 팔걸이 의자를 마련하면 참여율 향상에 도움이 된다.

그저 편안하기 때문에 습관적으로 팔짱을 낀다는 사람도 있을 것이다. 하지만 어떤 자세나 행동이 편하다는 것은 그에 상응하는 태도를 갖고 있다는 의미다. 즉 부정적이거나 불안한 태도를 갖고 있는 사람은 팔짱 낀 자세가 편할 것이다. 반면 친구들과 즐거운 시간을 보낼 때는 팔짱 낀 자세가 편할 리 없다.

모든 보디랭귀지는 행하는 사람뿐 아니라 그 보디랭귀지를 보는 사람과도 관련이 있다. 당신은 등과 목을 뻣뻣이 세운 채 팔짱을 끼고도 편안할 수 있겠지만, 그 모습을 보는 다른 사람들은 부정적인 느낌을 가질 수 있다. 따라서 상대의 의견에 동의하지 않거나 참여하고 싶지 않다는 의사를 표현하려는 목적이 아니라면, 어떤 상황에서도 팔짱을 끼는 것은 피해야 한다.

가슴 앞에 팔짱 끼기

팔짱에도 다양한 종류가 있지만, 이 책에서는 가장 흔히 볼 수 있는 몸짓들만 살펴볼 것이다. 가슴 앞으로 팔짱을 끼는 자세는 세계 어디서나 방어적 혹은 부정적인 의미로 해석된다. 모르는 사람들이 모인 장소나 길게 늘어선 줄, 엘리베이터 등 사람들이 불안을 느끼는 곳에서 쉽게 볼 수 있다.

우리는 삼림을 벌목하는 문제로 개발업자들이 토론을 벌이는 지방 의회 모임에 참석한 적이 있다. 개발업자들이 회의실 한쪽에 앉아 있었고 토론 상대인 일명 '환경보호론자'들은 반대쪽에 앉아 있었다. 참석자들의 절반 정도가 회의 시작부터 팔짱을 끼고 있었다. 개발업자들이 연설을 하자 환경보호론자의 90퍼센트가 팔짱을 꼈고 환경보호론자가 연설을 할 때는 거의 모든 개발업자가 팔짱을 꼈다. 사람들이 상대방의 말에 동의하지 않을 때 팔짱을 낀다는 사실을 잘 보여주는 장면이었다.

만약 상대방이 팔짱을 끼고 있다면 당신의 말에 상대가 동의하지 않는다고 생각하는 게 빠르다. 상대가 아무리 입으로는 동의한다고 말해도 팔짱을 끼고 있다면 주장을 굽혀야 한다.
계속 의견을 주장하는 것은 어리석은 행동이다.
보디랭귀지가 말보다 더 정직하기 때문이다.

이럴 때 당신은 상대가 팔짱을 끼는 이유
를 알아내고, 상대의 방어적인 자세를 당신
의 의견을 수용하는 자세로 바꿔야 한다.
자세를 그대로 유지하면 태도도 변하지 않
기 때문이다.

이 남자는 자신을 드러낼 생각도,
당신을 받아들일 의사도 없다.

상대의 팔짱 낀 자세를 바꾸도록 만드는
가장 간단하지만 효과적인 방법은 상대에게 들고 있을 물건이나 할
일을 제공하는 것이다. 펜이나 책, 설문용지 등을 건네면 상대는 팔
짱을 풀고 몸을 앞으로 기울이게 된다. 그러면 보다 수용적인 자세
를 취하게 되고 마음도 더 열리게 된다.

또 볼거리를 제공하여 상대가 몸을 앞으로 기울이도록 만드는 것
도 방법이다. 아니면 당신이 손바닥을 내보이며 "혹시 질문이 있으
신가요?" 혹은 "당신 의견은 어떻습니까?"라고 질문을 하는 것도
좋다. 그러고 나서 다시 몸을 뒤로 빼며 상대에게 발언권을 넘기면
된다. 손바닥을 내보임으로써 당신이 진실한 사람이며 상대도 열린
마음으로 대해주길 바란다는 의사를 비언어적으로 전달할 수 있다.

판매원이나 협상가들은 고객이 팔짱을 끼는 이유를 알아내기 전
까지는 제품이나 아이디어 소개를 미루라고 배운다. 고객들이 반감
을 품고 있는데도 판매원들이 고객의 몸짓 언어를 제대로 읽지 못
해 일을 그르치는 경우가 많기 때문이다.

주먹 쥐고 팔짱 끼기

주먹을 꼭 쥔 채로 팔짱을 낀 자세는 자신을 방어
하겠다는 의사와 함께 적대적인 감정을 전달하는
몸짓 조합이라 할 수 있다. 게다가 얼굴이 달아
오른 채 입술을 꽉 다물고 미소를 짓고 있거나
이를 악물고 있다면 언어적 혹은 신체적 공격이
일어날 수도 있는 상황이다. 상대가 그토록 화가
난 이유를 모른다면 상대의 기분을 맞춰주며 그
이유를 찾아내야 한다.

주먹 쥐고 팔짱을 낀 자세는
적대적인 태도를 드러낸다.

양팔 잡기

자신의 양손으로 반대쪽 팔의 상완 부위를 움켜쥐는 몸짓으로, 상반
신을 보호하면서 스스로 힘을 북돋우는 자세다.

팔을 너무 꽉 쥐어 피가 통하지 않아 손가락 관
절이 하얗게 변하는 경우도 있다. 이것은 자신을
포옹함으로써 스스로를 위로하는 방법이다. 주
로 치과 병원 대기실에서 차례를 기다리는 환자
나 처음 비행기를 타는 사람이 이륙을 기다릴 때
자주 보이는 동작이다. 부정적이거나 자제하는
태도를 드러낸다.

이 남자는 지금 마음이
불안한 상태다.

법정에서는 주로 원고가 주먹 쥐고 팔짱 끼기를, 피고가 양팔 잡기 자세를 취하는 것을 볼 수 있다.

상사 대 부하직원

사회적 지위에 따라 팔짱을 끼는 자세가 달라질 수 있다. 지위가 높은 사람은 팔짱을 끼지 않는 것으로 자신의 우월성을 과시한다. '나는 두렵지 않아. 얼마든지 몸을 활짝 드러내고 있을 수 있어.'라고 말하는 것이다. 예를 들어 회사 내 모임에서 간부사원이 신입직원 몇 명과 인사를 나눈다고 가정해 보자. 간부는 손바닥을 아래로 향한 악수를 하고 나서 1미터쯤 뒤로 물러나 양손을 옆으로 내리거나, 양손으로 뒷짐을 지거나(우월성을 드러내는 자세), 한 손 혹은 양손을 주머니에 넣고(개입하지 않겠다는 자세) 서 있을 것이다. 가슴 앞에 팔짱을 끼는 등 불안함을 나타내는 자세는 취하지 않는다.

반대로 신입직원들은 팔짱을 끼는 자세를 보여줄 확률이 높다. 자신이 지위가 높은 사람 앞에 서 있다는 사실을 인식하고 있기 때문이다. 간부사원도 신입직원도 자신의 몸짓 조합에 편안함을 느낀다. 각자가 자신의 상대적 지위에 걸맞는 동작을 하고 있기 때문이다.

그런데 만약 그 자리에 젊고 전도유망한 간부 한 명이 등장한다면 어떤 상황이 벌어질까? 아마 두 간부 모두 서로에게 지배적인 악수를 시도한 후, 젊은 쪽이 양쪽 엄지를 위로 치켜든 채 팔짱을 낄

엄지를 세우고 팔짱 끼기는
방어적이지만, 자신을 과시하는
태도를 보여준다.

가능성이 높다.

엄지를 세우는 것은 자신이 멋지고 통제력을 가진 존재임을 과시하는 동작이다. 이런 자세로 말을 할 때는 중요한 부분에서 엄지를 이용해 강조할 것이다.

자신을 방어하면서 동시에 상대에게 복종할 필요를 느끼는 사람은 신체의 양쪽이 완벽한 대칭을 이루는 자세를 취할 것이다. 이런 경우, 온몸의 근육을 긴장시켜 마치 공격을 준비하는 듯 보일 수도 있다. 반면에 자신을 방어하면서도 상대에 대한 지배욕을 느끼는 사람은 신체의 양쪽이 서로 다른 비대칭적인 자세를 취한다.

엄지 세우기

당신이 설명회에서 발표를 하고 있다고 상상해 보라. 상대가 긍정적인 의미의 보디랭귀지와 더불어 엄지를 세운 채 팔짱을 끼고 있다면 상대에게 편안하게 동의를 요청해도 된다. 반면에 상대가 주먹을 쥔 채 팔짱을 끼고 속내를 알 수 없는 표정을 짓고 있다면 조심하는 게 좋다. 동의를 얻으려다 화를 자초할 수도 있기 때문이다. 그럴 때는 상대방이 당신의 의견이나 설명에 반대하는 이유가 무엇인지 밝혀내는 편이 낫다.

상대가 당신의 제안을 거절한다는 것을 말로 표현한 후에는 상대의 마음을 바꾸기가 쉽지 않다. 그럴 때 보디랭귀지를 읽는 능력이 있다면 상대가 거절하기 전에 미리 눈치채고, 상대의 마음에 들 만한 대안을 제안할 시간을 벌 수 있다.

말로 표현하기 전에 상대방의 거부 의사를 파악할 수 있다면, 새로운 접근 방법을 시도해 볼 수 있다. 그 해답이 바로 보디랭귀지다.

스스로 껴안기

어린 시절 힘든 일이 생기면 부모님 혹은 양육자가 품에 안아주었다. 어른이 되어서도 스트레스나 위협을 받으면 어린 시절처럼 따뜻하게 누군가에게 안기는 느낌을 그리워한다.

하지만 여자들은 양팔로 팔짱을 끼는 자세를 취하면 자신의 속마음을 들키는 것 같아서 살짝 변형시킨 몸짓을 사용한다. 한 팔로 몸을 감싸듯 반대쪽 팔을 만지거나 붙잡으면서 마치 스스로를 껴안는 듯한 '부분적인 팔짱'을 끼는 것이다. 한 팔로 방어막을 만드는 몸짓은 낯선 집단에 처음 들어갔을 때나 자신감이 부족할 때 자주 나타난다.

어린 시절 어머니가 안아주었던 것처럼 자신을 안는 자세

그러나 긴장된 상황에서 한 팔로 자신을 껴안고 있는 여성들에게 왜 이런 자세를 취하는지 그 이유를 물어보면 대부분 편안하기 때문이라고 주장할 것이다.

남자들이 팔로 방어막을 만드는 자세 중에 '망가진 지퍼를 감추는 자세'가 있다. 상을 받을 때나 연설을 하기 위해 군중 앞에 서는 남자들이 자주 이런 자세를 취한다. 남성의 상징을 보호하고 혹시라도 있을 끔찍한 정면 공격을 피할 수 있기 때문에 남성에게 안정감을 준다.

망가진 지퍼를 감추는 자세

무료 급식이나 사회 보장 혜택을 받기 위해 줄지어 서 있는 남자들이 주로 이런 자세를 취하는데, 그들의 낙담하고 유약한 감정이 드러난다.

여왕은 핸드백으로 불안을 감춘다

왕족이나 정치가, 방송인, 영화배우처럼 대중에게 빈번히 노출되는 사람들은 불안하고 자신감 없는 모습을 보이고 싶어 하지 않는다. 이들은 항상 냉정하고 차분하고 절제된 모습으로 대중 앞에 나타나지만 몸짓을 통해 초조함과 불안감을 들킨다. 그들은 한 팔을 반대쪽 팔로 뻗되 양팔로 팔짱을 끼는 대신 한쪽 손으로 가방이나 팔찌, 시계, 반지, 셔츠 소매 등을 잡거나 만지는 몸짓을 하는 경우가 있다. 그러면 몸통 앞에 팔로 방어막을 만들면서 안전하다는 느낌을 받을 수 있기 때문이다.

남자의 경우 많은 사람들의 시선이 집중되는 공간이나 무도회장 등을 지나갈 때 안정감을 얻기 위해 커프링크스를 매만지기도 한다. 초조하거나 남의 시선을 의식하는 사람은 시곗줄을 매만지기도 하고 지갑 속을 확인하거나 양손을 맞잡고 비비는 등 어떤 식으로든 팔로 몸통 앞을 가로막는 몸짓을 사용한다. 잔뜩 긴장한 채 회의장에 들어서는 사업가는 서류가방이나 서류철로 몸 앞을 가리려고 한다.

히틀러는 성적 열등감을 감추기 위해 팔로 몸 앞에 방어막을 만들곤 했다.

보디랭귀지 전문가들은 이것이 불안을 감추고자 하는 몸짓이라는 사실을 금방 알아차린다. 사람들의 눈이 많은 곳이라면 어디서나 이런 몸짓들을 관찰할 수 있다.

여자들은 핸드백이나 지갑처럼 손에 들고 다니는 소지품이 많기 때문에 남자보다 자연스럽게 한 팔로 방어막을 만들 수 있다. 영국의 엘리자베스 여왕은 꽃다발과 핸드백을 함께 드는 방법을 선호한다. 여왕이 화장품이나 신용카드 등을 보관하려고 핸드백을 들고 다닐 리는 없다. 여왕에게 핸드백은 일종의 안전장치이자

핸드백으로 방어막을 만드는 경우

메시지를 보내는 수단일 것이다. 왕족을 연구하는 사람들은 여왕이 어딘가로 가고 싶을 때, 멈추고 싶을 때, 자리를 떠나고 싶을 때, 지루한 사람으로부터 벗어나고 싶을 때 등 핸드백을 이용해 수행원에게 보내는 12가지 신호를 구분하기도 했다.

컵을 어디에 놓을까?

협상이나 회의 중에 상대방이 당신의 제안을 어떻게 받아들이는지 알고 싶다면 음료수를 한잔 대접하는 것도 훌륭한 전략이다. 상대방이 음료수를 마시고 컵을 어느 쪽에 내려놓는지 주의 깊게 살펴보자.

당신이 말하는 내용을 의심하거나 부정적인 느낌을 가진 사람은 컵을 원래 들고 있던 손의 반대쪽에 내려놓고 한 팔로 몸 앞에 방어

┃ 당신의 제안에 부정적이고 의심하는 자세   ┃ 당신의 제안에 긍정적이고 수용적인 자세

막을 만들 것이다. 반면에 긍정적으로 받아들이는 사람은 컵을 들고 있는 손과 같은 쪽에 내려놓아 개방적이고 수용적인 태도를 보일 것이다.

팔꿈치를 의자 팔걸이에 얹는 것은 힘을 과시하는 자세로, 강인하고 꿋꿋한 인상을 전달한다. 의기소침한 사람은 양팔을 의자 팔걸이 안쪽으로 내린다. 따라서 팔은 항상 팔걸이에 올리는 것이 좋다.

스킨십의 힘

미네소타대학교 연구팀은 '전화부스 실험'을 실시했다. 연구팀은 공중전화 박스 선반에 동전을 하나 올려놓고 나무 뒤에 숨었다. 그리고 아무것도 모르는 피실험자가 동전을 발견하길 기다렸다. 피실험자가 동전을 발견하면 연구자가 다가가 "혹시 이곳에서 제 동전 못 보셨습니까? 전화를 한 통 더 걸려면 꼭 필요해서 말입니다."라고 물었다. 이 실험에서 동전을 봤다고 고백하고 돌려준 사람은 피실험자의 23퍼센트에 불과했다.

두 번째 실험에서도 똑같이 동전을 공중전화 박스 선반에 올려놓았고 피실험자가 동전을 발견했을 때 연구자가 다가갔다. 다른 점이 있다면 이번에는 질문을 하기 전에 대략 3초 정도 피실험자의 팔꿈치를 가볍게 만졌다. 그러자 피실험자의 68퍼센트가 동전을 갖고 있다고 시인했으며 당황한 얼굴로 이런 말까지 덧붙였다. "동전을 놓고 간 분이 누구인지 찾고 있던 중이었습니다."

자연스럽게 상대방의 팔꿈치를 만지면 당신이 원하는 것을 얻을 확률이 3배 높아진다.

팔꿈치를 만지는 몸짓이 이런 차이를 만들어낸 3가지 이유는 다음과 같다. 첫째, 팔꿈치는 신체의 은밀한 부위가 아닌 일종의 공적인 부위로 간주된다. 둘째, 낯선 사람의 몸에 손을 대는 것은 대부분의 문화권에서 금기시되기 때문에 오히려 강한 인상을 남길 수 있다. 셋째, 3초 정도 가볍게 팔꿈치를 만지는 접촉으로 두 사람 사이에 순간적인 유대가 형성된다.

우리는 텔레비전 프로그램을 위해 똑같은 실험을 실시했는데 국가 별로 차이가 있었다. 동전 회수율이 호주인 72퍼센트, 영국인 70퍼센트, 독일인 85퍼센트, 프랑스인 50퍼센트, 이탈리아인 22퍼센트로 나타났다. 이 결과를 분석해 보면 다른 사람들과 신체 접촉을 자주 하지 않는 문화권일수록 팔꿈치 접촉이 더 효과적이라는 사실을 알 수 있다.

우리는 세계 여러 나라의 노천카페에서 사람들 사이의 신체 접촉 빈도를 측정했다. 로마에서는 시간당 220회, 파리에서는 142회, 시드니에서는 25회, 뉴욕에서는 4회, 런던에서는 0회로 나타났다. 따라서 만약 당신이 영국이나 독일처럼 타인과의 신체 접촉에 예민한 문화권에서 성장한 사람이라면, 누군가 당신의 팔꿈치를 만졌을 때 큰 영향을 받을 것이다.

독일이나 영국계 혈통을 가진 사람은 신체접촉에 큰 영향을 받는다.

또 우리는 대체로 여성이 다른 여성의 몸에 손을 댈 확률이 남성이 다른 남성의 몸에 손을 댈 확률보다 4배 이상 높다는 사실을 발견했다.

여러 나라에서 낯선 사람의 팔꿈치 윗부분이나 아랫부분을 만지는 행동이 팔꿈치를 만지는 행동만큼 긍정적인 결과를 얻지 못했고, 경우에 따라 부정적인 결과를 얻기도 했다. 그리고 팔꿈치를 3초 이상 만지는 것도 부정적인 반응을 불러일으켰다. 이런 경우 피실험자는 상대방이 무슨 짓을 하는지 살피려는 듯 갑자기 시선을 아래로 내려다보기도 했다.

손이 닿으면 마음도 닿는다

우리는 도서관의 사서들에게 책을 대출해 가는 사람의 손을 살짝 쓰다듬도록 하는 실험을 실시했다. 그리고 도서관 밖에서 대출자들을 만나 도서관 서비스에서 어떤 인상을 받았는지 질문했다. 사서가 손을 만진 사람들은 모든 질문에 호의적으로 답했고 그 사서의 이름도 잘 기억했다.

영국의 슈퍼마켓에서 잔돈을 거슬러 주면서 손님의 손을 살짝 만지게 한 실험에서도 마찬가지로 긍정적인 반응을 얻었다. 미국에서도 비슷한 실험을 했다. 손님의 팔꿈치와 손을 만진 여자 종업원은 그렇지 않은 종업원보다 남자 손님으로부터 36퍼센트 정도 더 많은 팁을 받았다. 남자 종업원의 경우, 손님의 성별에 상관없이 팁이

22퍼센트 증가했다.

앞으로 처음 만나는 사람과 악수를 나눌 때 악수를 하면서 왼팔을 뻗어 상대방의 팔꿈치나 손을 살짝 만져라. 그리고 상대방의 이름을 되풀이해 부른 다음 상대방의 반응을 살펴보라. 이렇게 하면 당신이 상대방을 중요한 인물로 생각한다는 느낌을 줄 수 있을 뿐 아니라 당신 역시 상대방의 이름을 더 오래 기억할 수 있을 것이다.

상대방의 팔꿈치와 손을 만지는 행동을 신중하고 제대로 한다면 상대방의 관심을 집중시키고 당신을 각인시킬 수 있다. 또 당신의 말을 확실히 전달하여 더 큰 영향력을 행사할 수 있을 뿐만 아니라 긍정적인 인상을 남길 수도 있다.

5장

손짓

관심을 집중시키는
강력한 표현

입술이 침묵해도 손가락이 말을 한다.
비밀은 온몸에서 흘러나온다.

— 지그문트 프로이트

사람의 손은 조약돌 모양을 한 손목뼈 8개를 포함하여 총 27개의 작은 뼈와 관절을 움직이는 작은 근육 및 인대 수십 개로 연결되어 있다. 손과 뇌 사이는 신체의 어느 부위보다 많은 신경으로 연결되어 있어, 손의 움직임과 자세를 보면 사람의 감정 상태를 정확히 파악할 수 있다. 심지어 손은 대개 몸 앞쪽에 위치하기 때문에 손이 나타내는 신호들을 포착하기도 쉽다.

사람마다 자주 사용하는 독특한 손짓이 있다. 나폴레옹이라고 하면 엄지를 세운 채 한 손을 조끼 속에 찔러 넣은 모습이 떠오를 것이다. 왜 그런 자세를 취하고 있는지에 대해 온갖 추측이 난무한다. '나폴레옹에게 위궤양이 있었다.' '피부병이 있었다.' '유방암이었다.' 혹은 '손이 불구였다.'처럼 건강에 관련된 소문이 있는가 하면 '당시에는 호주머니에 손을 넣는 것이 무례한 짓이었기 때문이다.'라거나 '조끼에 향낭을 지니고 다니며 냄새를 맡기 위함'이라는 소문도 있다. 심지어는 '화가가 손을 그리기 싫었기 때문'이라는 설도 있다.

하지만 사실 정답은 나폴레옹이 태어나기 전인 1738년 프랑수아 니벨롱이 발표한 저서《품위 있는 행동 지침서A Book Of Genteel Behaviour》에서 찾을 수 있다. 이 책은 "손을 집어넣은 자세는 교양과 용기, 거기다 겸손함까지 갖춘 남자의 전형적인 자세다."라고 설명하고 있다. 나폴레옹은 자신의 초상화를 보고 화

1812년 자크 루이 다비드가 그린 나폴레옹의 초상화

가에게 "다비드, 자네는 나를 제대로 이해했군."이라고 말했다고 한다. 나폴레옹의 몸짓은 자신의 지위를 드러내는 자세였다.

역사책을 보면 나폴레옹은 이 자세를 자주 취하지 않았을 뿐더러 이 그림을 위해 화가 앞에 선 적도 없었음을 알 수 있다. 화가가 기억에 의존하여 나폴레옹의 얼굴과 독특한 자세를 그렸을 뿐이다. 하지만 나폴레옹의 초상화를 찬찬히 살펴보면 화가인 자크 루이 다비드가 손과 엄지의 위치가 권위를 나타낸다는 사실을 알고 있었던 것으로 보인다.

손이 먼저 말한다

수천 년 동안 사람들은 사회적 지위에 따라 발언권의 우선순위를

부여받았다. 지위와 권력이 막강한 사람이 말을 할 때는 다른 사람의 방해를 받지 않았다. 로마 역사를 살펴보면 지위가 낮은 사람이 율리우스 시저의 말을 방해했다가 처형될 수도 있었다. 오늘날 대부분의 사람들이 발언의 자유가 넘치는 사회에 살고 있으며 원하는 사람은 누구나 자기 의견을 밝힐 수 있다. 영국과 호주, 미국 등에서는 대통령이나 총리가 말을 하는 도중에 끼어들어 자기 의견을 밝히거나 박수를 치며 방해를 하기도 한다.

많은 나라에서 손은 대화 중에 한 사람이 발언을 마치고 다른 사람에게 발언권을 넘겨주는 마침표 역할을 한다. 손을 올리는 동작은 대화를 하면서 손을 많이 사용하는 이탈리아와 프랑스 사람들에게서 유래한 것이다. 하지만 영국에서는 다른 사람이 말할 때 손을 들어 올리는 것이 예의에 어긋나기 때문에 이런 모습을 보기 힘들다.

사회자가 양편으로 의견이 갈라진 토론을 마무리하는 모습을 보면 그 사람이 어느 쪽 의견을 지지하는지 짐작할 수 있다. 사회자는 주로 손바닥이 천장을 보도록 들어올리면서 한쪽 의견을 요약하고, 다른 손을 들어올리면서 반대쪽 의견을 요약한다. 이때 오른손잡이는 오른손을 들어올리면서 이야기한 의견을, 왼손잡이라면 왼손을 들어올리면서 설명한 의견을 더 선호한다고 볼 수 있다.

손짓이 기억력을 향상시킨다

손짓은 사람들의 관심을 끌고 의사소통의 효과를 높인다. 또 정보를 더 잘 기억하는 데에도 도움이 된다. 영국 맨체스터대학교의 제프리 베티와 니나 맥러플린은 피실험자들에게 어느 만화의 줄거리를 들려주었다. 일부 피실험자에게 달리는 모습을 묘사하기 위해 손을 위아래로 빨리 움직이거나 젖은 머리를 말리는 모습을 설명하기 위해 손을 물결치듯 흔들었다. 또 뚱뚱한 오페라 가수를 묘사하기 위해 양팔을 넓게 벌리는 등의 손짓을 곁들이기도 했다. 10분 후 줄거리에 대한 세부사항 테스트를 실시했다. 그 결과 손짓과 더불어 이야기를 들은 집단이 그렇지 않은 집단보다 3배 이상 정답률이 높았다. 손짓이 기억력에 영향을 미쳤던 것이다.

이번 장에서는 일상에서 가장 흔히 볼 수 있는 손짓 8가지와 그것이 의미하는 것이 무엇인지 알아볼 것이다.

손바닥 비비기

함께 여행을 떠나기로 한 친구가 우리 집을 찾아왔다. 그는 의자에 등을 기대고 앉아 활짝 미소를 지은 채 손바닥을 재빨리 비비면서 "얼른 떠나고 싶어!"라고 소리쳤다.

이처럼 손바닥을 비비는 몸짓은 긍정적인 기대를 의미한다. 주사위를 던질 때 좋은 결과가 나오길 기대하며 주사위를 두 손바닥 사이에 넣고 비빈다. 사회자는 손바닥을 비비면서 청중에게 "자, 기대하시던 연사의 강연을 청해 듣겠습니다."라고 소개한다. 한껏 들뜬 영업사원은 팀장의 사무실로 걸어 들어가 흥분한 목소리로 손바닥

긍정적인 기대를 나타내는 손바닥 비비기　　손님께 딱 맞는 물건이 있습니다!

을 비비며 "굉장한 주문을 받았어요!"라고 말한다. 식사가 끝난 후 웨이터가 손을 비비며 "더 필요하신 것 있으십니까, 손님?"이라고 묻는다면 후한 팁을 바라는 마음을 내보이는 것이다.

또 손바닥을 비비는 속도에 따라 이익을 볼 사람이 누구인지를 짐작할 수 있다. 예를 들어 당신이 집을 한 채 구입하려고 부동산을 찾아갔다고 가정하자. 중개업자가 손바닥을 빠른 속도로 비비면서 "딱 맞는 집이 있습니다!"라고 말한다면, 중개업자는 그 집이 '당신'에게 이익이 될 거라고 생각하는 것이다. 반대로 중개업자가 손바닥을 느린 속도로 비빈다면 어떤 느낌이 들까? 중개업자가 교활하고 비열해 보이면서 당신보다는 자신에게 이익이 되는 집을 권한다는 느낌이 들 것이다.

영업사원은 고객에게 제품이나 서비스를 설명할 때 손바닥을 빠른 속도로 비비라고 배운다. 만약 잠재 고객이 손바닥을 빠르게 비비면서 "자, 뭐가 있나 한번 봅시다!"라고 말한다면, 좋은 물건을 기대하고 있으며 구매까지 이어질 가능성이 높다는 의미다.

그러나 보디랭귀지를 읽을 때 절대 잊지 말아야 할 사실은 항상 상황과 맥락을 고려해야 한다는 것이다. 예를 들어 추운 날 버스정류장에서 양손을 비비고 있는 사람이 있다면, 그는 버스가 빨리 오기를 고대하고 있다기보다는 손을 시려워한다고 보는 게 옳을 것이다.

엄지로 손가락 문지르기

엄지로 검지나 다른 손가락 끝을 문지르는 몸짓은 주로 금전적 이득을 기대한다는 의미로 통한다. 이것은 엄지와 다른 손가락 사이에 동전을 하나 끼우고 문지르는 동작이다. "반값에 가져가세요."라고 말하는 노점상이나 "돈 좀 빌려줄래?"라고 말하는 사람이 자주 사용한다. 하지만 이 손짓은 돈에 대한 부정적인 인상을 불러일으킬 수 있으므로 고객을 상대할 때는 반드시 피해야 한다.

▌ 이번 일로 돈 좀 벌 수 있겠다!

양손 깍지 끼기

미소를 띠며 양손으로 깍지를 끼는 사람을 보면 처음에는 자신감 넘친다고 느낄 수 있다. 하지만 우리는 방금 실패한 협상에 대해 설명하는 협상가를 관찰한 적이 있다. 그는 이야기를 계속 이어나가면서 양손을 모아 깍지를 끼더니 손마디가 하얗게 변할 정도로 힘을 주어 마치 양손이 하나로 붙은 듯 보였다. 이처럼 양손을 모아 깍지를 끼는 자세는 불안하고 부정적인 감정을 나타낸다.

협상 전문가인 니렌버그와 칼레로의 연구에 따르면, 협상 중에 양손을 모아 깍지를 끼는 것은 실망을 뜻한다고 한다. 또 상대를 설득하지 못했거나 자신이 협상에서 불리하다고 생각하는 사람도 이런 자세를 취한다.

양손을 모아 깍지를 끼는 자세는 양손을 얼굴 앞에 모으고 깍지 끼기와 양손을 책상이나 무릎 위에 모아 깍지 끼기, 일어서서 양손을 가랑이 앞에 모아 깍지 끼기 등 크게 3가지가 있다.

우리는 깍지를 낀 손의 위치가 실망감의 정도와 상관관계가 있다는 사실을 발견했다. 양손을 낮은 위치에서 모아 쥔 사람보다는 높은 위치에서 모아 쥔 사람이 더 상대하기 어려웠다. 다른 모든 부정

양손을 높이 모아 깍지를 끼면, 아무리 웃고 있어도 실망과 좌절이 드러난다.

상대방이 깍지 낀 손을 아래로 내릴수록 설득하거나 협상하기 힘들다.

적인 몸짓과 마찬가지로, 이 경우에도 음료수를 권하거나 물건을 들어 달라고 청하는 등 조치를 취해 상대방이 깍지를 낀 손을 풀게 해야 한다. 그렇지 않으면 팔짱을 낀 자세와 마찬가지로 부정적인 감정이 지속될 것이다.

양손 끝을 마주 대고 세우기

지금까지 우리는 문장 속에서 단어의 의미를 파악하듯 보디랭귀지도 반드시 그것이 행해지는 상황과 맥락, 조합 속에서 해석해야 한다고 강조해 왔다. 그러나 양손 끝을 마주 세운 자세만은 예외다. 이 자세는 두 손의 손가락을 가볍게 맞대고 뾰족한 첨탑 모양을 만드는데 손가락을 앞뒤로 굽혔다 폈다 할 수도 있다.

▌ 자크 시라크 프랑스 대통령(좌)과 아일랜드의 신페인당 당수 게리 아담스(우)는 종종 신처럼 보이려 한다.

양손 끝을 마주 대고 세우는 자세는 상하관계에서 자주 나타나며 자신감 넘치는 태도를 의미한다. 상급자가 하급자에게 지시 혹은 조언 등을 할 때 자주 나타나고 회계사나 변호사, 경영자들 사이에서 매우 흔하게 볼 수 있다.

이 손짓을 사용하는 사람들은 이따금 신처럼 보이려는 듯 양 손바닥을 붙여 기도하는 자세로 바꾸기도 한다. 이것은 새침하고 오만한 사람으로 보일 수 있어 다른 사람의 신뢰를 얻고 싶다면 하지 않는 것이 좋다. 하지만 모든 것을 알고 있는 자신감 넘치는 사람으로 보이고 싶을 때는 양손 끝을 마주 세우는 자세가 도움이 된다.

만약 지금 체스 게임을 하는데 당신이 체스 말을 움직일 차례라고 상상해 보자. 당신이 체스판 위 어느 말에 손가락을 얹었다. 그 말을 움직이겠다는 의미다. 그러자 상대방이 뒤로 물러앉으며 양손 끝을 마주 대고 세우는 자세를 취했다. 이것은 당신이 생각하는 전략을 상대방이 꿰뚫고 있다는 것을 몸짓으로 보여준 것이나 다름없다. 이때 당신의 최고 전략은 그 수를 포기하는 것이다.

이번엔 다른 체스 말에 손을 대었다. 그러자 상대방이 양손을 모아 깍지를 끼거나 팔짱을 꼈다면 당신이 두려는 수가 상대방의 마음에 들지 않는다는 뜻이다. 즉 상대에게 불리한 수이니, 이번엔 당신 생각대로 밀고 나가야 한다.

양손 끝을 마주 대고 세우는 자세에는 크게 2가지 유형이 있다. 하나는 양손을 높이 올려 마주 대는 것으로, 자신의 의견이나 생각을 제시하거나 말을 하는 동안 자주 취한다. 머리를 약간 뒤로 젖힌 채 손을 올려 마주 세우면 의기양양하고 오만한 인상을 준다. 반대

로 양손을 아래로 내려 마주 대는 것은 주로 상대방의 말을 들을 때 취한다. 여성은 후자의 자세를 선호하는 경향이 있다.

기본적으로 양손 끝을 마주 대고 세우는 자세는 긍정적인 신호이지만 종종 오해를 불러올 수도 있다. 예를 들어 당신이 의견을 발표하는데 상대방이 손바닥을 펼쳐 보이거나 몸을 앞으로 기울이고 고개를 끄덕

양손을 아래로 내려 마주 대는 자세

이는 등 긍정적인 몸짓을 보여주었다. 그리고 발표가 끝나갈 무렵 상대방이 갑자기 양손 끝을 마주 대고 세우는 자세를 취했다면 이것은 무엇을 의미할까?

당신이 상대의 문제에 대한 해결책을 제시할 즈음, 긍정적인 몸짓에 이어서 이 자세가 등장했다면 상대가 당신의 의견이나 아이디어를 받아들이겠다는 뜻이다. 반면에 팔짱을 끼고 다리를 꼬거나 먼 산을 바라보는 등 부정적인 몸짓에 이어 이 자세가 등장한다면 상대가 절대 '예'라고 대답하지 않을 작정인 것이다. 양손 끝을 마주 대고 세우는 자세는 '확신'이라는 의미를 전달하지만, 전자는 긍정적인 결과로 후자는 부정적인 결과로 이어진다. 어떤 결과로 이어질지 밝혀주는 열쇠는 함께 나타나는 몸짓들이다.

손등으로 턱 괴기

이것은 부정적인 몸짓이 아니다. 여자(혹은 남자 동
성애자)들이 남자의 관심을 끌고 싶을 때 자주 사
용한다. 양손을 포갠 후 손등으로 얼굴을 받쳐
들고 남자의 찬미를 기다린다. 진심이든 아니
든 칭찬의 말을 하려는 순간 상대가 이런 자
세를 취한다면 최적의 시기다.

손등으로 턱 괴기

뒷짐 지기

엘리자베스 여왕의 부군인 에든버러 공작을 비롯한 영국 왕실의 남
성들은 머리를 꼿꼿이 들고 턱을 앞으로 내밀고 등 뒤로 양손을 맞
잡고 걷는 습관이 있다. 이 몸짓은 지도층 인사나 왕족들 사이에서
흔히 볼 수 있으며 담당 구역을 순찰하는 경찰, 학교 운동장을 돌아
다니는 교장선생님 등 지위가 높은 사람들이 자주 사용한다.

　뒷짐을 지는 것은 우월감, 자신감, 강인함 등의 감정을 드러낸다.
거칠 것이 없고 당당하기 때문에 무의식적으로 가장 취약한 부위인
배와 심장, 사타구니, 목 등을 노출할 수 있다.

　뒷짐을 질 때 한 손으로 다른 손목을 잡는 것은 실망감과 자기 통
제의 의지를 나타낸다. 이것은 마치 등 뒤에서 사납게 덤비는 듯한
한 팔을 반대쪽 팔로 억누르려는 의도에서 비롯되었다.

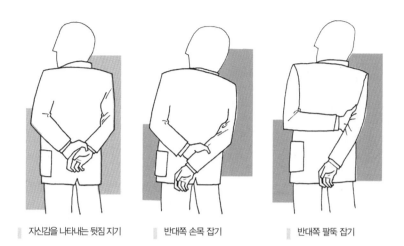

| 자신감을 나타내는 뒷짐 지기 | 반대쪽 손목 잡기 | 반대쪽 팔뚝 잡기 |

또한 팔을 잡는 위치가 높을수록 실망과 분노가 더 크다는 것을 나타낸다. 한 손이 반대쪽 팔의 손목을 잡을 때보다 팔뚝을 잡고 있을 때 더 큰 통제력을 발휘하는 것이다.

등 뒤로 다른 쪽 손목이나 팔을 잡는 동작은 법정 밖에서 원고와 피고가 마주쳤을 때, 영업사원이 고객과 처음 만날 때, 환자가 병원에서 진료를 기다릴 때 자주 볼 수 있다. 이것은 불안을 감추기 위한 의도다. 만약 자신이 이런 자세를 취하고 있다면 얼른 등 뒤로 양손을 맞잡은 자세로 바꿔라. 그러면 좀 더 자신감이 생기고 자신에 대한 통제력을 발휘할 수 있을 것이다.

엄지 내보이기

엄지는 우월함을 상징한다. 손금을 볼 때도 엄지는 강한 성격과 자아를 나타내는데 엄지와 관련된 보디랭귀지들 역시 자신감을 뜻한

다. 엄지는 지배와 고집, 때로는 공격적인 태도를 드러내는 데 사용된다.

엄지의 움직임은 부차적인 동작으로 다른 몸짓 조합의 일부로서 기능한다. 엄지를 과시하는 몸짓은 긍정적인 신호로, 마음에 드는 여자를 앞에 둔 남자들이나 '멋진' 사람들이 자신의 우월성을 과시하기 위

외투 주머니 밖으로 엄지 내보이기

해 사용한다. 또한 높은 지위와 특권을 가진 사람, 고급스러운 옷을 입은 사람이 주로 드러낸다. 거지나 부랑자처럼 지위가 낮은 사람이 엄지를 내보이는 경우는 거의 없다.

주머니 밖으로 엄지 내놓기

엄지를 내보이는 동작은 속마음과 모순되는 말을 할 때 굉장히 조심해야 한다. 예를 들어 변호사가 배심원을 향해 "배심원 여러분, 부족한 제 의견으로는….''이라고 말하면서 머리를 쳐들고 엄지를 내보인다고 가정하자. 이때 배심원들은 그가 위선적이고 거만한 사람이라는 인상을 받을 것이다. 사람들 앞에서 겸손해 보이고 싶다면 손바닥을 펼쳐 내보이고 몸은 움츠려서 덩치가 작아 보이도록 하는 것이 좋다.

엄지로 사람을 가리키는 행동은 조롱과 무례함의 신호로 사용될 수 있다. 예를 들어 남편이 친구에게 몸을 기울인 채 엄지로 아내를

엄지를 내보이는 동작은 권위적이고
확신에 찬 태도를 드러낸다.

엄지로 다른 사람을 가리키는 몸짓은
무시와 조롱의 신호가 될 수 있다.

가리키면서 "얼마나 바가지를 긁어대는지 몰라."라고 말한다면 부
부싸움을 자초하는 셈이다. 특히 여자들은 남자가 자신을 엄지로 손
가락질하는 것을 싫어한다. 여자들은 아주 싫어하는 사람을 가리킬
때를 제외하면 엄지로 사람을 가리키거나 흔드는 동작을 거의 하지
않는다.

6장

거짓말

완벽한 거짓말쟁이는
자신을 속이는 사람이다

Q

한 가지 거짓말을 참말처럼 하기 위해서는
항상 일곱 가지 거짓말이 필요하다.

— 마르틴

모든 사람들이 철저히 진실만 이야기한다면 어떤 일이 벌어질까? 머릿속에 떠오르는 생각들을 여과 없이 말로 옮긴다면 어떻게 될까?

직장 상사에게: "안녕하세요, 팀장님. 이 무능한 얼간이야."
남자 사원이 여자 고객에게: "구매해 주셔서 감사합니다, 수잔. 그나저나 가슴 정말 끝내주네요."
여자가 이웃집 남자에게: "짐을 들어 주셔서 고맙습니다. 엉덩이가 정말 탄탄하시네요. 헤어스타일은 가관이지만."
시어머니에게: "그동안 안녕하셨어요? 귀찮은 노인네."

여자로부터 "이 옷 입으면 나 뚱뚱해 보일까?"라는 질문을 받는다면 당신은 뭐라고 대답해야 할까? 만약 당신이 사회생활을 할 줄 아는 남자라면 잘 어울린다고 대답할 것이다. 하지만 속으로는 '그

옷을 입어서 뚱뚱해 보이는 게 아니야. 그렇게 케이크랑 아이스크림을 퍼먹으니까 살찌는 거지.'라고 생각할 수도 있다.

주위 사람들에게 항상 진실만 이야기한다면 친구 하나 없는 외로운 삶을 살게 될 뿐 아니라 결국 정신병원이나 감옥에서 인생을 마감하게 될지도 모른다. 거짓말은 원만한 상호작용과 우호적인 인간관계를 위한 윤활유 같은 것이다.

가혹한 진실을 솔직히 말하는 대신 상대를 기분 좋게 해주기 위한 목적인 거짓말을 우리는 흔히 '선의의 거짓말'이라고 부른다. 연구 결과에 의하면 항상 진실만 말하는 사람보다 선의의 거짓말을 살짝 곁들이는 사람이 인기가 좋다. 반면에 '악의의 거짓말'은 자신의 이익을 위해 고의적으로 다른 사람을 속이는 나쁜 짓이다.

거짓말쟁이들의 세상

대체로 말은 의식적으로 통제가 가능해서 진실 여부를 가려내기 쉽지 않다. 거짓말을 미리 연습할 수가 있기 때문이다. 반면에 몸짓은 무의식적으로 행하기 때문에 거의 혹은 전혀 통제할 수 없다. 따라서 보디랭귀지를 자세히 살펴보면 진실 여부를 가려줄 신뢰할 만한 단서를 포착할 수 있다.

메사추세츠대학교의 로버트 펠드먼은 제삼자와 대화를 나누는 121쌍의 부부를 관찰했다. 피실험자 중 3분의 1은 호감을 가진 태도로 대화에 임하라는 지시를 받았다. 다른 3분의 1은 경쟁적인 태도로 대화하라는 지시를, 나머지 3분의 1은 자연스럽게 원래 모습대로 행동하라는 지시를 받았다. 대화 종료 후 모든 참가자에게 자신의 대화 장면을 녹화한 비디오테이프를 보여주고, 대화 도중 크든 작든 거짓말을 한 것이 있으면 찾아내도록 했다.

실제로는 누군가를 싫어하면서도 좋아한다고 말하는 등의 '선의의 거짓말'도 있었고 자신이 록스타라고 주장하는 것처럼 보다 극단적인 거짓말도 있었다. 전체적으로 피실험자의 62퍼센트가 10분에 평균 2~3개의 거짓말을 한 것으로 밝혀졌다.

《미국이 진실을 말하는 날The Day America told The Truth》의 저자인 제임스 페터슨은 2천 명이 넘는 미국인을 면담하여 91퍼센트에 이르는 사람들이 가정과 직장에서 주기적으로 거짓말을 하고 있다는 사실을 발견했다.

완벽한 거짓말쟁이가 아니라면 진실을 말하는 것이 최선의 전략이다.

그렇다면 누군가 거짓말을 하거나 교묘히 속이거나 혹은 속일 생각을 하는 순간을 어떻게 알아차릴 수 있을까? 무엇보다 관찰을 통해 사람들이 상대를 속이려 할 때, 망설일 때, 지루하거나 비판을 할 때 어떤 몸짓을 취하는지를 알아야 한다.

이번 장에서는 진실하지 못한 속마음을 그대로 드러내는 몸짓 언어에 대해 소개할 것이다. 우선 거짓말과 속임수의 몸짓 언어부터 살펴보자.

현명한 원숭이 3마리

아래 그림의 원숭이들은 각각 '나쁜 것은 듣지도 말고, 보지도 말고, 말하지도 말라'는 지혜를 상징한다. 원숭이들의 동작은 거짓말과 관련한 몸짓을 잘 보여준다. 사람도 속임수, 거짓말을 듣거나 보거나 혹은 말할 때, 손을 들어 귀나 눈, 입을 가린다.

나쁜 소식을 듣거나 끔찍한 사고를 목격한 사람은 손으로 얼굴 전체를 가린다. 불쾌함이나 두려움을 차단하려는 상징적인 몸짓이다. 2001년 9월 11일 뉴욕 월드트레이드 센터에 비행기 테러가 발생했다는 소식이 전해졌을 때, 전 세계 많은 사람들이 이 몸짓을 했다.

앞에서 언급한 것처럼 어린아이들은 거짓말을 할 때 대놓고 얼굴에 손을 댄다. 거짓말이 입 밖으로 나오는 것을 막으려는 듯 한 손혹은 양손으로 입을 덮는다. 부모의 꾸지람을 듣고 싶지 않은 아이는 손으로 귀를 막아 부모의 목소리를 차단한다. 눈앞에 보고 싶지 않은 장면이 펼쳐질 때는 손이나 팔을 들어 눈을 가린다.

나이가 들면서 얼굴에 손을 대는 동작이 더 재빠르고 불분명해지지만, 속임수로 거짓을 은폐할 때나 거짓말을 할 때는 여전히 비슷한 몸짓이 나타난다.

나쁜 것은 듣지도 말고, 보지도 말고, 말하지도 말라.

이런 몸짓은 의심과 불확실, 과장 등과도 관련이 있다. 데즈먼드 모리스는 간호사가 환자의 건강상태에 대해 거짓말을 해야 하는 역할극 실험을 했다. 거짓말을 해야 하는 간호사는 그렇지 않은 간호사보다 얼굴에 손을 대는 몸짓을 훨씬 자주 취했다. 거짓말을 할 때는 남녀 모두 침을 삼키는 빈도가 증가하지만 대체로 후골이 발달한 남자가 침 삼키는 모습을 들키기 쉽다.

이 책은 여러 몸짓들을 구분하여 개별적으로 분석하고 있지만 실제 보디랭귀지는 전체적인 상황과 맥락 속에서 파악해야 한다. 하나의 동작이나 표정, 근육의 움직임만으로 누군가 거짓말을 하고 있다고 확신할 수 없다. 하지만 앞으로 소개할 몇 가지 몸짓 조합을 알아두면 상당한 확률로 상대의 거짓말을 간파할 수 있다.

얼굴은 속마음의 거울이다

보통 거짓말을 은폐하기 위해 가장 많이 사용하는 신체 부위는 '얼굴'이다. 우리는 거짓을 숨기기 위해 미소를 짓고 고개를 끄덕이고 윙크를 한다. 그러나 불행히도 우리의 몸짓이 진실을 숨기지 못하기 때문에 표정과 보디랭귀지 사이에 부조화가 일어난다. 사람의 생각과 감정은 끊임없이 얼굴에 드러나는데 대부분은 그 사실을 전혀 자각하지 못하고 있다.

자연스럽지 않은 표정은 모순적인 감정을 드러낸다.

거짓말을 감추려고 할 때나 어떤 생각이 마음을 스칠 때 순간적으로 얼굴 표정이 달라진다. 우리는 대개 누군가 코를 살짝 만지면 '간지럽구나.' 얼굴에 손을 대면 '고민이 많은가 보다.'라고 해석한다. 하지만 상대는 지루해 죽겠다는 뜻일 수도 있다. 표정을 자세히 관찰하면 많은 것들이 드러난다.

여자의 거짓말은 정교하다

여자들은 상대의 감정을 읽고 적절한 거짓말로 상대를 조종하는 능력이 뛰어나다. 이런 특징은 어린 시절부터 나타나는데, 여자 아기들은 다른 아기를 따라 울기도 하고 자신이 먼저 울음을 터뜨려 다른 아기들을 울리기도 한다.

《마음 읽기Mindreading》의 저자인 산지다 오코넬 박사가 5개월에 걸친 연구를 통해 여자가 남자보다 거짓말을 훨씬 더 잘한다는 결론을 내렸다. 남자가 "버스를 놓쳤어."나 "휴대폰 배터리가 떨어져서 전화를 할 수 없었어." 같은 단순한 거짓말을 하는 반면, 여자는 훨씬 복잡하고 정교한 거짓말을 한다. 그래서 남자가 여자의 거짓말을 알아채는 것이 쉬운 일은 아니다.

또 매력적인 사람들이 그렇지 않은 사람보다 신뢰를 얻기 쉽다는 사실을 밝혀냈다. 존 F. 케네디나 빌 클린턴 같은 정치가들이 그 많은 스캔들을 일으키고도 버틸 수 있었던 것도 바로 그런 이유다.

거짓말이 어려운 이유

사람들은 거짓말을 할 때 평소보다 미소를 많이 지을 거라고 생각한다. 하지만 연구 결과는 정반대였다. 거짓말쟁이들은 거짓말을 할 때 미소를 평소보다 덜 지었다.

거짓말이 어려운 이유는 몸이 진실을 누설하기 때문이다. 의식적으로 꾸밀 수 있는 말과는 달리 몸짓은 무의식이 자동으로 작동한다. 평소에 거짓말을 별로 하지 않던 사람은, 아무리 당당한 태도를 취해도 쉽게 들키고 만다. 온몸에서 모순적인 신호를 내보내어 상대에게 거짓을 말하고 있다는 느낌을 전하기 때문이다.

거짓말을 하면 무의식적으로 불안감을 발산하고 결국 입에서 나오는 말과 모순되는 몸짓이 나타난다. 정치가나 변호사, 배우, 아나운서처럼 직업적으로 거짓말을 하는 사람들은 보디랭귀지를 훈련하여 사람들을 완벽하게 속이기 위해 노력한다.

이런 전문적인 거짓말쟁이들은 다음 2가지 훈련법을 활용한다. 하나는 거짓말을 하는 순간에도 진실을 말하는 듯한 몸짓을 연습하는 것이다. 물론 이 방법은 오랜 기간 수없이 많은 연습을 했을 때 효과를 발휘할 수 있다. 다른 하나는 거짓말을 하는 동안 몸짓을 최소한으로 줄이는 것이다. 이 또한 쉬운 방법은 아니다.

다음과 같은 실험을 해보자. 누군가를 만나 일부러 거짓말을 하면서 의식적으로 보디랭귀지를 최대한 억제해 보라. 큰 몸짓은 의식적으로 통제할 수 있을지 몰라도 수많은 미세 몸짓들은 여전히 상대에게 전해질 것이다. 얼굴 근육의 움직임, 동공의 확장 혹은 수축,

땀, 홍조, 눈 깜빡임 등 아주 많다. 이런 장면을 촬영해 느린 동작으로 재생해 보면 미세 몸짓들이 순식간에 나타났다 사라지는 것을 알 수 있다. 정말 찰나이기 때문에 전문 면접관이나 판매사원 혹은 관찰력이 매우 뛰어난 사람만이 겨우 포착할 수 있을 정도다.

따라서 완벽한 거짓말을 하기 위해서는 최대한 몸을 감추거나 숨겨야 한다. 보통 취조실은 빈 방에 의자 하나만 달랑 놓여 있어서 환한 불빛 아래 온몸을 고스란히 노출시키게 되어 있다. 용의자의 거짓말을 포착하기 쉬운 환경이다.

책상 뒤에 앉아서 몸을 반쯤 숨기거나 담장 너머로 엿보거나 혹은 닫힌 문 뒤에 있을 때는 거짓말을 하기가 훨씬 쉽다. 물론 최고의 방법은 전화나 이메일이다.

거짓말의 몸짓 7가지

1. 입 가리기

손으로 입을 가리는 몸짓은 무의식적인 행동으로, 뇌가 입에서 나오는 거짓말을 막으라고 명령을 내린 것이다. 경우에 따라 입 주변에 손가락 몇 개 혹은 주먹을 올리는 동작으로 나타날 수도 있다.

만약 대화 도중 상대방이 이런 몸짓을 취한다면 거짓말을 하고 있을 확률이 높다. 반대로 당신이 말을 하는 동안 상대방이 자신의 입을 가린다면, 상대방은 당신이 뭔가를 숨기고 있다고 생각하여 의심하는 것일 수도 있다.

입 가리기는 주로 속마음을 감출 때 나타난다.

만약 어린 시절 부모나 양육자가 이런 몸짓을 사용했다면, 당신도 어른이 되어 같은 동작을 취할 가능성이 높다.

컨퍼런스나 프레젠테이션 등 발표를 할 때 청중들이 입을 가리고 있으면 당혹스럽다. 그럴 때는 잠시 멈추고 "혹시 질문 있으십니까?" "다른 의견이 있으신 것 같은데요. 질문을 받도록 하겠습니다." 같은 말로 참여를 유도해야 한다. 그러면 청중이 반감을 품은 이유를 알 수 있으며 발표자는 내용을 점검할 기회를 가질 수 있다. 청중들이 팔짱을 끼고 있을 때와 동일한 대처 방법을 사용하는 것이 좋다.

입 가리기는 입술에 손가락을 수직으로 갖다 대고 '쉿!'을 할 때처럼 악의 없는 몸짓으로 나타날 수도 있다. 또 부모의 몸짓을 보고 자란 아이가 어른이 되어 자신의 느낌을 솔직히 말하지 않겠다고 생각할 때 역시 이 자세를 사용한다. 상대가 이런 몸짓을 할 때는 뭔가 숨기는 것이 있다는 뜻이다.

2. 코 만지기

이 동작은 코 밑을 여러 번 재빨리 문지르는 동작이나 거의 알아차릴 수 없을 정도로 한 번 살짝 만지는 동작 등으로 나타날 수 있다. 여자는 남자보다 코를 문지르는 횟수가 적은데 아마 화장이 지워질까 얼굴에 손을 잘 대지 않기 때문으로 보인다.

기억할 점은 코 만지기는 항상 전체적인 몸짓 조합 속에서 상황을 고려하여 파악해야 한다는 것이다. 열이 있거나 감기에 걸려서 코를 비비는 것일 수도 있기 때문이다.

코 만지기

시카고의 후각 및 미각치료 연구 재단 소속 과학자들은 거짓말을 하면 '카테콜아민'이라고 알려진 화학물질이 분비되어 코 내부 조직이 부풀어 오른다는 사실을 알아냈다. 이는 거짓말을 하면 육안으로는 확인할 수 없지만 실제로 코가 커진다는 '피노키오 효과'를 입증한다. 또 체내의 혈액 흐름을 특수 촬영했더니 의도적으로 거짓말을 하면 혈압이 상승했다. 혈압이 상승하면 코끝 신경조직이 자극을 받아 코가 간지러운 느낌이 들어 긁게 된다. 불안할 때나 화가 날 때도 비슷한 현상이 나타난다.

사람은 코가 가려울 때 보통 의도적으로 코를 문지르거나 긁는다. 반면에 코 만지기는 코끝을 가볍게 톡톡 치는 것에 가깝다. 입

'나는 그 여자와 성관계를 맺지 않았습니다.'

가리기와 마찬가지로 코 만지기 역시 거짓말을 하는 사람이 속마음을 감추고 싶을 때나 이야기를 듣는 사람이 상대를 의심할 때 모두 나타날 수 있다. 단순히 코가 가려울 때는 대화의 맥락과 상관없이 코를 몇 번 긁는 동작만 단독으로 나타난다.

미국의 신경학자 앨런 허쉬와 정신

과 의사 찰스 울프는 성추문 사건으로 대배심 앞에서 증언하는 빌 클린턴을 면밀히 분석했다(1996~1997년). 그 결과 클린턴이 진실을 말할 때는 거의 코에 손을 대지 않았지만 거짓말을 할 때는 순간적으로 얼굴 표정을 찌푸렸으며 4분에 한 번꼴로 총 26번이나 코를 만졌다.

3. 눈비비기

어린아이는 보고 싶지 않은 것이 있을 때 한 손 혹은 양손으로 눈을 가린다. 하지만 성인들은 이럴 때 눈을 비비는 것으로 대신한다. 눈비비기는 속임수나 의심스러운 대상, 불쾌한 장면, 자신의 거짓말을 듣고 있는 상대의 얼굴과 대면하지 않으려는 시도다.

이런 경우 남자는 보통 두 눈을 힘껏 비비고 정말 심각한 거짓말을 할 때는 먼 곳으로 시선을 돌린다. 여자들은 남자처럼 과격하게 보이지 않기 위해 혹은 화장이 번지지 않도록 조심하기 위해 눈을 비비기보다 대개는 눈 바로 밑을 살짝 만진다. 매우 큰 거짓말을 할 때는 여자들 역시 상대의 시선을 피해 눈을 돌린다.

영어에 '치아 사이로 거짓말을 뱉는다lying through one's teeth'라는 표현이 있다. 이것은 이를 악 물고 미소를 지으며 눈을 비비는 몸짓 조합을 의미한다. 자기의 생각을 분명히 밝히지 않는 것을 선호하는 문화권에서 이런 몸짓이 자주 사용된다.

4. 귀 만지기

당신이 "30만 원에 드리겠습니다."라고 말했는데 상대가 자기 귀를

눈 비비기: '보고 싶지 않습니다.'

귀 만지기: '듣고 싶지 않아요.'

만지고 시선을 돌리면서 "괜찮은 가격이네요."라고 말했다고 가정해 보자. 이 몸짓은 나쁜 말을 듣지 않으려는 상징적인 행위이다. 상대는 손을 귀 주위에 올리거나 귓불을 잡아당겨 당신이 하는 말을 차단하려는 것이다. 부모에게 꾸중을 듣는 어린아이가 손으로 귀를 막는 동작의 성인 버전이라 할 수 있다.

이 동작의 변형으로는 귀 뒤 문지르기, 손가락을 돌리며 귀 파기, 귓불 잡아당기기, 귀 전체를 앞으로 접어 귓구멍 막기 등이 있다.

또한 귀 만지기는 들을 만큼 들었으니 이제 자신이 말을 하고 싶다는 신호일 수도 있다. 코 만지기와 마찬가지로 귀 만지기도 불안감을 나타낸다. 하지만 이탈리아에서는 귀 만지기가 여성스러운 남자나 남성 동성애자를 가리키는 몸짓으로 사용된다.

5. 목 긁기

이것은 검지로 귓불 아래 목의 옆면을 긁는 동작이다. 대부분의 사람들이 한 번에 평균 5회 정도 긁는다. 그 이하나 이상을 긁는 경우는 거의 없다. 이 몸짓은 의심이나 불확실함의 신호이며 '동의할지 말지 아직 잘 모르겠습니다.'를 의미한다.

이 동작을 모순되는 내용의 말과 동시에 하면 더욱 두드러져 보인다. 예를 들어 "당신이 어떤 기분인지 잘 압니다."라고 말하면서 목을 긁는다면 사실은 상대가 어떤 기분인지 전혀 모른다는 의미다.

6. 옷깃 잡아당기기

데즈먼드 모리스는 거짓말을 하면 얼굴과 목의 예민한 조직이 따끔거려서 문지르거나 긁는다는 사실을 발견했다. 또 거짓말을 할 때 상대가 의심할지도 모른다는 느낌이 들면 혈압이 상승하여 목에 땀이 찬다. 그래서 불안한 마음에 옷깃을 잡아당기는 것이다. 이외에도 화가 나거나 실망했을 때도 흥분을 가라앉히기 위해 옷깃을 잡아당긴다.

만약 상대가 이런 몸짓을 한다면 "다시 한번 말씀해 주시겠습니까?" 혹은 "더 분명하게 설명해 주시겠습니까?"라고 물어보라. 혹시 상대가 속임수를 쓰려 했다면 당장 포기하게 될 것이다.

▌ 목 긁기: 거짓말을 하면 목의 피부가 자극을 받는다. ▌ 옷깃 잡아당기기: 몸의 열을 식히는 중이다.

7. 손가락 물기

어린 시절 엄마의 젖을 빨며 느꼈던 안도감을 되찾고자 하는 사람이 무의식적으로 취하는 동작으로, 주로 스트레스를 받는 상황에서 나타난다. 어린아이는 엄마 가슴 대신 엄지나 담요를 빨고 성인은 손가락, 담배, 파이프, 펜 등을 입에 물거나 껌을 씹는다.

손을 입 주위에 대는 동작은 거짓말, 속임수와 관련이 있지만 손가락을 무는 동작은 위로를 바라는 내적 욕구의 표출이다.

스트레스를 받으면 손가락을 입에 문다.

지루함의 몸짓과 평가의 몸짓

훌륭한 연사는 청중이 언제 자신의 말에 귀를 기울이는지, 언제 지루해하는지 본능적으로 안다. 실적이 뛰어난 판매사원은 고객의 욕구와 관심사를 직감적으로 파악한다. 강연이나 발표를 해본 사람이라면 청중이 반응 없이 멍하니 앉아 있을 때 얼마나 힘이 빠지는지잘 알고 있을 것이다. 그런 경험을 다시 하지 않으려면 얼굴에 손을 대는 몸짓과 턱에 손을 대는 몸짓을 주의 깊게 살펴봐야 한다.

지루함의 몸짓

이야기를 듣는 사람이 손으로 머리를 받치면 지루해지기 시작했다는 신호다. 졸다가 고개가 고꾸라지는 일을 방지하는 것이다. 팔과 손으로 머리를 어떻게 받치고 있는지 살펴보면 상대가 느끼는 지루함의 정도를 판단할 수 있다. 처음에는 주로 턱을 엄지로 받치고 있다가 흥미가 더 떨어지면 주먹을 이용한다. 극도로 지루해지면 손바닥으로 머리를 떠받치기 시작한다. 최악의 경우 양손으로 머리를 받치고 코를 골지도 모른다.

손가락으로 탁자를 두드리거나 바닥에 발을 구르는 행동은 전문 강사들도 지루함의 신호라고 오해할 때가 많지만, 사실은 조바심의 신호다. 만약 당신이 많은 사람들 앞에서 발표를 하는 도중 이런 신호를 포착한다면 그를 대화에 참여시켜 부정적인 감정이 영향을 미치지 못하도록 조치를 취해야 한다. 청중이 지루함과 조바심을 동시에 드러낼 때는 얼른 발표를 끝내는 것이 상책이다.

평가의 몸짓

이것은 주먹 쥔 손을 턱이나 뺨에 대고 있는 자세로 종종 검지를 위로 세우는 경우도 있다. 이야기를 듣는 사람이 흥미를 잃었으나 예의상 관심 있는 척하는 경우에는 손바닥 아랫부분으로 머리를 받친다.

지루하고 따분한 연설을 하는 사장 앞에서 열심히 듣는 척하는 사원들이 이런 자세를 자주 취한다. 하지만 불행히도 어떤 식으로든 손으로 머리를 받치는 순간, 사장에게 아부나 하는 불성실한 직원으로 찍힐 가능성이 높다.

진짜 상대방의 이야기에 흥미를 느낄 때는 손을 뺨에 가볍게 대고 있을 뿐 머리를 기대지 않는다. 한편 엄지로 턱을 받치고 검지를

극도로 지루한 상태

지루하거나 따분할 때 나타나는 몸짓

엄지로 턱을 받치는 것은 비판적인 태도를 나타낸다.

뺨 위에 수직을 세우는 것은 연사나 연설 주제에 대해 부정적 혹은 비판적인 생각을 갖고 있다는 뜻이다. 부정적인 생각이 지속되면 검지로 눈가를 문지르거나 눈꺼풀을 잡아당기기도 한다.

이런 몸짓을 관심의 신호라고 오해하는 사람도 많지만 엄지를 턱 밑에 받친 것은 분명히 비판적인 태도다. 특정한 몸짓 조합은 그 사람의 태도에 영향을 미치기 때문에 같은 자세를 계속 유지하면 비판적인 태도도 오래 지속된다. 이와 같은 부정적인 몸짓 조합이 나타나면 이야기를 듣는 사람을 대화에 참여시키거나 아예 대화 자체를 끝내야 한다.

턱 쓰다듬기

사람들 앞에서 발표를 하거나 나설 기회가 생기면 청중을 주의 깊게 살펴보라. 대부분의 사람들이 한 손을 얼굴에 대고 평가하는 몸짓을 하고 있을 것이다. 발표를 마무리하면서 그들에게 의견이나 제

안을 물어보면 평가하는 몸짓을 멈추고 턱을 쓰다듬기 시작할 것이다. 턱 쓰다듬기는 상대방이 의사결정 과정에 돌입했다는 신호다.

당신이 결정을 요청했을 때 상대방이 턱을 쓰다듬기 시작했다면 다음에 이어지는 몸짓으로 그 결정이 긍정적일지 부정적일지 짐작할 수 있다. 이때 최선의 전략은 조용히 상대방의 몸짓을 살피는 것이다.

턱을 쓰다듬으며 의사결정을 하는 모습

만약 턱을 쓰다듬은 뒤에 팔짱을 끼고 다리를 꼬면서 의자 등받이에 몸을 기댄다면 분명히 부정적인 답변이 돌아올 것이다. 이 경우 합의가 더욱 어려워지기 전에 보충 설명을 하거나 조정안을 내는 등 다른 방법을 찾아야 한다. 턱을 쓰다듬은 다음 팔을 벌리고 몸을 앞으로 기울이거나 당신이 제공한 제안서나 견본 등에 관심을 보인다면 긍정적으로 합의가 이루어질 확률이 높다.

결정을 미룰 때

안경을 쓴 사람은 결정을 내릴 때 턱 쓰다듬기 대신 안경을 벗고 안경다리를 입에 물기도 한다. 흡연자는 담배 연기를 한 모금 내뱉을 수도 있다. 당신이 결정을 요청했을 때 상대가 볼펜이나 손가락을 입에 문다면 아직 불안하여 확신이 더 필요하다는 뜻이다. 입에 뭔가를 물면 당장 대답을 하지 않아도 될 것 같은 느낌이 들기 때문에

그림 A. 평가와 의사결정의 몸짓이 동 시에 나타나는 몸짓 조합

그림 B. 평가, 의사결정, 지루함의 몸 짓이 함께 이루어진 몸짓 조합

이는 결정을 미루고 싶다는 신호이다.

　때로는 지루함의 몸짓과 평가의 몸짓, 결정의 몸짓이 동시에 나타나기도 한다. 그림 A는 손으로 턱을 받치고 평가의 몸짓을 취하면서 손가락으로 턱을 쓰다듬고 있다. 상대가 제안한 내용을 평가하는 동시에 판단을 내리는 것이다. 이야기를 듣는 사람이 상대의 말에 흥미가 떨어지기 시작하면 손으로 머리를 받치기 시작한다. 그림 B는 흥미를 잃는 상황에서 엄지로 머리를 떠받친 채 평가를 하고 있다.

스스로 벌주기

당신이 누군가에게 사소한 부탁을 했고 상대는 이를 까맣게 잊어버렸다 가정하자. 부탁한 일에 대해 물으면 상대는 마치 스스로를 벌하듯 자신의 이마나 목덜미를 찰싹 때릴 것이다. 뭔가를 잊어버렸을

난처한 일이 생겼을 때 나타나는 몸짓   이마를 때리면서 스스로를 벌주고 있다.

때 흔히들 "아차!" 하며 자기 머리를 때린다. 이때 때리는 부위가 이마인지 목덜미인지 잘 살펴봐야 한다. 만약 상대가 자신의 이마를 때린다면 당신의 질책에 별로 위협을 느끼지 않는다는 의미다. 하지만 목덜미를 때린다면 당신의 질책에 매우 난처해졌다는 뜻이다. 만약 상대가 자신의 엉덩이를 찰싹 때린다면 그것은 무슨 의미일까?

뉴욕 협상연구소 소속의 제라르 니렌버그는 습관적으로 목덜미를 문지르거나 때리는 사람은 부정적이거나 비판적인 경향이 있다는 사실을 발견했다. 반면에 실수를 했을 때 이마를 문지르거나 때리는 사람은 보다 개방적이고 느긋한 성격이었다.

만약 상대방이 얼굴에 손을 대는 몸짓을 취한다면 일단 '부정적인 생각'을 하고 있다고 봐야 한다. 여기서 말하는 부정적인 생각이란 의심, 속임수, 불확실, 과장, 우려, 노골적인 거짓말 등일 것이다. 문제는 상대의 부정적인 생각이 정확히 어떤 것인지 밝혀내는 것이다. 이를 위해서 얼굴에 손을 대는 몸짓 이전에 나타났던 몸짓들을 분석하고 그것이 벌어진 상황을 반드시 고려해야 한다.

시선

진심과 흑심은
동공을 스친다

유사 이래 사람들은 눈과 눈이 사람의 행동에 미치는 영향에 많은 관심을 가져 왔다. 우리는 시선을 교환하며 대화를 조절하고 지배욕을 드러내고 상대의 거짓말을 판단한다. 누군가를 만날 때 상대의 얼굴을 보는 시간이 많기 때문에 눈빛 신호는 상대의 태도와 생각을 읽어내는 근거가 된다. 처음 만난 사람들은 눈으로 본 정보를 근거로 서로를 판단한다.

매력적인 사람을 보면 동공이 풀린다

빛의 밝기가 일정할 때 사람의 동공은 기분과 태도의 변화에 따라 확대 혹은 축소된다. 흥분을 하면 동공이 평소 크기의 4배까지 확대되고 화를 내거나 부정적인 기분일 때는 동공이 축소된다. 서양인들은 동공이 두드러져 보이는 밝은 색 눈을 매력적으로 생각한다.

시카고대학교 심리학과 학과장 출신으로 동공측정 연구의 선구자인 에커드 헤스는 동공의 크기가 전반적인 각성 수준에 영향을 받는다는 사실을 발견했다. 일반적으로 사람은 자극적인 대상을 보면 동공이 확대된다. 헤스는 이성애자인 남자와 여자의 동공이 매력적인 이성의 사진을 볼 때는 확대되지만 동성의 사진을 볼 때는 수축되는 것을 발견했다. 피실험자들에게 유쾌 혹은 불쾌한 사진이나 음악을 제시했을 때도 유사한 결과가 나왔다. 또 동공은 문제 해결과 같은 정신적 활동과도 관계가 있어서 해결책을 찾는 순간 최대로 확대된다는 사실도 알아냈다.

우리는 이 결과를 비즈니스에 응용하여 사진 속 광고 모델의 동공을 확대했을 때 모델의 매력도가 증가한다는 것을 입증했다. 실험 결과 동공 확대는 여성용 화장품이나 모발 용품, 의복 등 모델의 얼굴 확대 사진을 광고에 이용하는 모든 제품의 판매량을 증가시킬 수 있는 효과적인 방법이었다.

눈은 구애 과정에서 가장 중요한 신호를 전달한다. 여자들이 눈

어느 쪽 여자가 더
매력적으로 느껴지
는가?

화장을 하는 목적도 눈매를 강조하기 위해서다. 여자는 매력을 느끼는 남자를 볼 때 동공이 확대되는데 남자는 이런 신호를 본능적으로 인식한다. 어둑한 조명 아래에서는 동공이 확대되어 남녀가 서로에게 관심을 보일 가능성이 높아진다.

연인들은 서로의 눈을 응시하며 무의식적으로 동공이 확대되는지 확인한다. 그리고 상대방의 확대된 동공을 보면 흥분한다. 연구 결과에 의하면 남자는 포르노 영화를 볼 때 동공이 평소보다 3배나 커진다. 반면 여자들은 어머니와 아기가 함께 있는 사진을 볼 때 최대로 확대되었다.

어린아이들은 성인보다 동공이 크다. 아이는 어른의 관심을 계속 끌기 위해서 가능한 한 예쁘게 보이려고 동공이 확대된 상태를 유지한다. 잘 팔리는 인형들의 동공이 과도하게 큰 이유도 바로 이것이다.

연구에 의하면 다른 사람의 확대된 동공을 바라보면 자신의 동공도 영향을 받는 것으로 밝혀졌다. 남자의 동공은 동공이 축소된 여자의 사진을 볼 때보다 동공이 확대된 여자의 사진을 볼 때 더 확대된다.

감정은 동공에 나타난다

동공 확대를 해독하는 능력은 인간의 뇌에 이미 존재한다. 이를 확인하기 위해 다음과 같은 실험을 해보자. 손으로 그림 B를 덮은 다음, 피실험자에게 그림 A의 '동공'을 바라보게 한다. 그 다음 그림 A

| 그림 A | 그림 B |

를 가리고 그림 B의 '동공'을 바라보게 한다. 피실험자의 뇌는 그림 속 동그라미를 자신에게 매력을 느끼는 사람의 눈이라고 인식한다. 아마 피실험자의 동공이 그림 속 동공의 크기에 맞춰 변하는 것을 볼 수 있을 것이다. 특히 여자는 자신의 뇌가 다른 사람의 눈이라고 인식한 동그라미와 신뢰관계를 형성하기 위해 남자보다 더 빠른 속도로 동공이 확대된다.

헤스는 피실험자들에게 벌거벗은 남자, 벌거벗은 여자, 아기, 어머니와 아기, 풍경 등 사진을 보여주면서 동공의 반응을 관찰했다. 예상대로 남자의 동공은 벌거벗은 여자 사진을 볼 때, 동성애자 남자는 벌거벗은 남자의 사진을 볼 때 가장 크게 확대되었다. 하지만 여자의 동공은 어머니와 아기 사진에 가장 크게 확대되었고, 그 다음이 벌거벗은 남자의 사진이었다.

예로부터 대화나 협상을 할 때 '상대방의 눈을 바라보라.'라는 말이 있다. 하지만 정확히 말하자면 눈이 아니라 '동공'이다. 동공을 관찰하면 상대의 진짜 감정을 읽을 수 있다. 고대 중국의 보석 상인들은 손님의 동공을 유심히 관찰하면서 가격을 협상했고 수세기 전 매춘부들은 매력적인 눈매를 만들기 위해 아트로핀 성분이 함유된 식물의 추출액을 눈에 넣어 동공을 확대시키기도 했다.

눈빛을 해석하는 능력

캠브리지대학교의 사이먼 배런 코헨 박사는 피실험자들에게 눈만 내놓은 채 얼굴을 가린 사람들의 사진을 보여주었다. 그리고 눈에 드러난 감정 상태를 '우호적이다.' '편안하다.' '적대적이다.' '걱정스럽다.' 중에서, 사진 속 인물들의 태도를 '당신에게 관심을 가지고 있다.' '다른 사람에게 관심을 가지고 있다.' 중에서 선택하도록 했다. 순전히 짐작만으로 정답을 선택할 확률은 통계적으로 50퍼센트 정도다.

실험 결과 남성 피실험자들은 25점 만점에 평균 19점을, 여성 피실험자들은 평균 22점이었다. 남녀 모두 신체 신호보다는 눈빛 신호를 해독하는 능력이 뛰어났으며 여성이 남성보다 더 우수했다.

인간이 눈빛 신호를 어떤 식으로 받아들이고 해독하는지 아직 과학적으로 밝혀지지 않았다. 그러나 눈이 전달하는 정보를 읽어내는 능력을 가지고 있는 것은 분명하다. 자폐증 환자(대부분 남자)들은 눈빛 신호를 파악하는 능력이 부족한 것으로 알려졌다. 그래서 아무리 IQ가 높아도 자폐증 환자는 사회생활을 하는 데 어려움을 겪는다.

여자의 흰자위가 남자보다 큰 이유

영장류 가운데 유일하게 인간만이 눈에 '공막鞏膜', 즉 흰자위가 뚜렷하다. 다른 영장류 동물들은 눈 전체가 완전히 새까맣다. 눈의 흰자위는 사람이 어디를 보는지 알려주는 의사소통의 보조 수단으로 진화했다. 시선의 방향이 감정 상태를 알려주기 때문이다. 여자의 뇌가 남자의 뇌보다 감정을 읽는 능력이 더 뛰어나기에 흰자위의 면적 역시 남자보다 여자가 더 넓다.

눈썹 치켜세우기

이것은 멀리 있는 상대에게 눈인사를 하는 신호로 전 세계적으로 통용되는 보편적인 몸짓이다. 원숭이와 영장류 동물들도 사교적인 인사법으로 눈썹을 치켜세우는 것을 볼 때, 선천적으로 타고나는 몸짓으로 생각된다.

순간적으로 재빨리 눈썹을 끌어올렸다 내리는 동작은 상대방의 관심을 자신의 얼굴로 집중시켜 신호를 교환한다. 이 몸짓은 상대에게 '저는 당신을 공격할 생각이 전혀 없습니다.'라는 메시지를 무의식적으로 전달한다. 혹은 상대를 보고 '깜짝 놀랐어요. 당신이 두려워요.'라는 공포 반응과 관련이 있다.

다음과 같은 간단한 실험을 해보면 눈썹 치켜세우기의 효과를 실감할 수 있을 것이다. 호텔 로비에서 지나가는 사람들을 향해 눈썹을 치켜세우면서 인사를 건네 보자. 상대방도 눈썹을 치켜세우며 미소를 지어줄 뿐 아니라 다가와서 말을 거는 사람도 있을 것이다. 좋아하는 사람에게는 눈썹을 치켜세우며 눈인사를 하는 것을 권한다.

재빨리 눈썹을 치켜세웠다 내리기

마음을 사로잡는 눈썹

눈썹을 아래로 내리면 지배적 혹은 공격적으로 보이는 반면, 눈썹을
추켜올리면 복종적으로 보인다. 몇몇의 여자들은 어린아이 같은 '베
이비 페이스baby face'를 만들기 위해 눈썹과 눈꺼풀을 추켜올려 눈
을 크게 보이도록 만든다. 이것은 남자의 뇌에 강력한 영향을 미쳐
보호본능을 자극한다.

여자들이 눈썹을 원래 자리보다 위쪽에 그리는 이유는 남자들이
그런 모습을 더 매력적으로 느낀다는 사실을 무의식적으로 알고 있
기 때문이다. 남자가 눈썹을 손질한다면 원래 자리보다 아래쪽에 그
려 권위적으로 보이려 할 것이다.

존 F. 케네디의 아래로 처진 눈썹은 항상 염려하는 듯한 표정을
만들어 미국 국민들에게 깊은 인상을 남겼다. 만약 그가 두껍고 덥
수룩한 눈썹을 가졌다면 유권자들의 마음을 그토록 사로잡지는 못
했을 것이다.

(좌) 마릴린 먼로의 눈썹은 복종적인 느낌을 준다.
(우) 존 F. 케네디는 눈썹이 아래로 처진 표정으로 유권자들을 사로잡았다.

다이애나 왕세자비는 눈을
위로 치켜뜨는 몸짓 조합 덕
분에 영국 왕실로부터 비난
을 받을 당시 전 세계인의 동
정심을 얻을 수 있었다.

다이애나 왕세자비의 무기

고개를 숙이고 눈을 위로 치켜뜨면 눈이 커다란 어린아이 같은 느
낌을 준다. 어른보다 훨씬 키가 작은 아이는 어른을 올려다볼 수밖
에 없는데 이런 표정은 모성애와 부성애를 불러일으킨다.

고故 다이애나 왕세자비는 턱을 당기고 눈을 위로 치켜뜨면서 연
약한 목을 내보이는 고도의 기술을 구사하곤 했다. 눈을 치뜨는 어린
아이 같은 몸짓 조합은 전 세계 사람들의 동정심을 자극했다. 이런
복종적인 몸짓을 사용하는 사람은 의식적으로 연습을 하지는 않겠지
만, 이것이 얼마나 큰 효과가 있는지는 무의식적으로 잘 알고 있다.

섹시 스타들의 특징

눈썹은 치켜세우되 눈꺼풀은 내리깔고 입술을 약간 벌린 표정은 마

릴린 먼로나 샤론 스톤 같은 섹시 스
타들의 상징으로도 널리 알려져 있다.
이처럼 눈썹과 눈꺼풀 사이를 최대로
넓히면 신비하고 비밀스러운 느낌을
줄 수 있다. 최근 연구에 따르면 많은
여성들이 성적 절정에 이르기 직전에
짓는 표정과 비슷하다고 한다.

마릴린 먼로의 섹시한 표정

눈을 보고 이야기하라

진정한 의사소통의 기초는 일단 상대의 눈을 마주보는 것에서 시작
한다. 대화를 할 때 마음이 편한 사람이 있는 반면 불편한 사람도 있
고, 믿을 만한 사람이 있다면 신뢰가 가지 않는 사람도 있다. 이것은
무엇보다 대화를 하면서 눈빛을 교환하는 시간과 관련이 깊다.

영국의 사회심리학 및 비언어 의사소통 기술의 선구자인 마이클
아가일은 대화를 할 때 상대를 응시하는 시간에 대해 연구했다. 그
의 결과에 따르면 서구인은 총 대화 시간의 평균 61퍼센트 시간 동
안 상대를 바라본다. 그 시간 가운데 41퍼센트는 자신이 말을 할 때,
75퍼센트는 상대의 말을 들을 때, 나머지 31퍼센트는 서로를 응시
할 때로 밝혀졌다. 아가일의 측정에 따르면 한 번 바라볼 때 평균 시
간이 2.95초, 서로 바라보는 시간은 1.18초였다.

우리는 말하는 사람이 누구인지, 어떤 문화권 출신인지에 따라

전체 대화 시간 중 눈빛을 교환하는 시간이 25퍼센트부터 100퍼센트까지 다양하다는 사실을 발견했다. 서구인은 대화 시간의 40~60퍼센트를 할애해서 상대의 눈을 응시하고 상대방의 말을 들을 때는 평균 80퍼센트의 시간 동안 눈을 맞춘다.

일본과 일부 아시아 및 남아메리카 문화권에서는 오랫동안 상대의 눈을 바라보는 것을 공격적이거나 무례하다고 여긴다. 그래서 일본인들은 대화하면서 일부러 멀리 시선을 돌리거나 상대방의 목을 쳐다보곤 한다.

아가일은 A라는 사람이 B라는 사람을 좋아하면, A가 B를 바라보는 시간이 길어진다는 사실을 발견했다. 그러면 B도 A가 자신을 좋아한다는 것을 깨닫고 역시 A를 좋아하게 된다. 다시 말해 대부분의 문화권에서 다른 사람과 좋은 관계를 맺기 위해서는 상대방과 전체 대화 시간의 60~70퍼센트를 시선 교환에 할애해야 한다. 그러면 상대방의 호감을 얻을 수 있을 것이다.

상대와 시선을 마주치지 못하는 사람은 당연히 신뢰를 얻기 어렵다. 그러므로 협상을 할 때 시선을 어디에 두고 있는지 파악할 수 없는 어두운 선글라스 착용은 피해야 한다.

두 사람이 처음 만나 눈을 맞출 때, 보통 지위가 낮은 사람이 먼저 눈길을 돌린다. 이것은 시선을 피하지 않는 것이 상대의 의견이나 관점에 대한 도전이나 반발심을 뜻하기 때문이다. 상대방의 지위가 당신보다 높은 경우에는 평소보다 좀 더 오래 눈을 맞추는 것으로 당신의 반대 의사를 분명히 전달할 수 있다. 그러나 회사를 오래 다니고 싶다면 상사를 상대로 자주 시도할 일은 아니다.

남자가 물건을 잘 찾지 못하는 이유

여자는 넓은 주변 시야를 가지고 있다.

우리는 평범한 사람들로 구성된 피실험자 집단을 나체촌에 들여보내고 그들의 시선을 분석했다. 모든 남성 피실험자들이 고개를 숙이고 싶은 욕구를 참기 힘들었다고 보고했다. 비디오 판독 결과 정말 남성들은 아래를 쳐다본 것으로 밝혀졌다. 여성 피실험자들은 시선처리에 큰 문제가 없다고 보고했다. 실제로도 시선을 돌리거나 고개를 숙인 여성은 거의 없었다.

남녀의 차이는 바로 '시야' 때문이다. 터널 시야를 갖고 있는 남자는 바로 앞에 있는 물체나 멀리 있는 목표물을 여자보다 훨씬 잘 볼 수 있지만 대신 주변 시야가 매우 좁다. 남자들이 냉장고나 서랍 속 물건을 잘 찾지 못하는 이유가 바로 이것이다. 여자는 상하좌우 최소 45도에 걸치는 주변 시야를 가지고 있다. 덕분에 상대의 얼굴을 보며 인사하면서도 옷차림이며 가방까지 죄다 살펴볼 수 있다.

남자의 관심을 끄는 눈빛

여자가 건너편에 있는 남자의 관심을 끌고 싶다면 그와 2~3초간 눈빛을 교환하다가 시선을 아래로 내리면 된다. 이 정도의 응시만으로도 남자에게 관심과 복종의 의사를 충분히 전달할 수 있다.

웹스터대학교의 모니카 무어 박사의 실험에 의하면 대부분의 남자는 여자가 처음 보내는 눈빛 신호를 잘 읽어내지 못한다. 보통 남자는 여자가 3번 정도 신호를 보내야 겨우 알아차린다. 정말 둔한 남자는 4, 5번 혹은 그 이상 반복해야 그 의미를 이해한다. 어쨌든 이런 식으로 남자의 관심을 끌었다면 눈썹을 치켜세우는 몸짓을 살짝 보여주면서 평소보다 눈을 살짝 크게 뜨고 신호를 보내면 된다. 그래도 알아차리지 못하는 미련한 남자에게는 "이봐요, 당신이 마음에 들어요!"라고 말로 하는 게 낫다.

거짓말쟁이는 시선을 피하지 않는다

우리는 피실험자들이 면접 상대에게 여러 가지 거짓말을 하는 모습을 녹화했다. 그리고 녹화한 영상을 의사소통 관련 세미나에서 참석자들에게 보여주고 거짓말을 하는 사람과 그렇지 않은 사람을 판단하도록 했다. 그러자 거짓말을 할 때 상대의 시선을 피할 것이라는 상식을 배신하는 결과가 나왔다.

거짓말을 할 때 계속 주변을 두리번거리는 피실험자는 약 30퍼센트 정도에 불과했다. 나머지 70퍼센트의 피실험자들은 오히려 상대방과 열심히 눈을 맞추었다. 일반적인 예상과 반대로 행동하면 들킬 염려가 없다고 생각하는 것이다. 그들이 옳았다. 세미나 참석자들 역시 당당하게 거짓말하는 사람들을 잘 가려내지 못했다. 이처럼 눈길을 피하는 행동이 거짓말을 증명하지는 못했기 때문에 동공 확대, 목소리의 변화 등 다른 몸짓도 함께 관찰해야 한다.

상대가 당신의 눈을 응시하는 시간이 대화 시간의 3분의 2 이상이라면, 다음 2가지 중 하나를 의미한다고 볼 수 있다. 첫째는 상대가 당신을 흥미롭고 매력적인 사람이라고 생각하는 것이다. 정말 그렇다면 상대의 동공이 확장될 것이다. 둘째는 앞의 경우와 반대로 상대가 당신에게 적대감을 느끼고 있으며 도전을 해올 가능성이 있다. 이때는 동공이 수축될 것이다.

앞서 언급했듯이 여자는 동공 신호를 해독하는 능력이 선천적으로 뛰어나고 관심의 시선과 공격의 시선을 구분할 줄 안다. 하지만 남자는 여자에 비해 둔한 편이다. 그래서 남자들은 여자의 얼굴을 보고도 그녀가 입맞춤을 해줄지, 따귀를 한 대 날릴지 분위기 파악을 못할 때가 많다.

공격과 싸움을 피하는 방법

대부분의 영장류는 시선을 피함으로써 복종의 의사를 표시한다. 유인원이 공격을 할 때는 먼저 그 대상에게 시선을 고정한다. 이때 공격을 피하려면 시선을 피하거나 몸집이 작아 보이도록 해야 한다. 영장류는 생존을 위해 복종을 표현하는 몸짓을 본능적으로 알고 있다. 우리는 공격을 받으면 어깨를 움츠리고 양팔을 몸 가까이로 끌어당긴다. 무릎을 바싹 붙이기도 하고 턱을 잡아당겨 목을 보호하거나 시선을 피한다. 이런 몸짓들이 공격자의 뇌 속에 있는 '공격 중단 스위치'를 눌러 위기를 모면할 수 있게 해준다.

　잘못을 저질러 상사한테 질책을 당할 때도 이런 자세를 취하면 잘 넘어갈 수 있다. 하지만 거리에서 불량배와 마주쳤을 때는 오히려 불리할 수 있다. 불량배를 두려워한다는 신호로 작용해 그들의 공격 충동을 자극할 수도 있기 때문이다. 이런 경우에는 몸을 똑바로 세우고 팔다리를 힘차게 흔들며 어깨를 펴고 걷는 게 좋다. 얼마든지 스스로를 보호할 수 있다는 자신감을 드러내면 공격당할 가능성을 낮출 수 있다.

곁눈질과 흘깃거리기

곁눈질은 흥미나 의심을 의미한다. 곁눈질을 하면서 눈썹을 살짝 치켜세우거나 미소를 지으면 상대방에 대한 관심을 드러낼 수 있다. 주로 여자들이 구애의 신호로 자주 사용한다. 하지만 얼굴 표정을 구기거나 입꼬리가 처진 상태에서 곁눈질을 하면 적의, 비판적 태도를 나타낸다.

　시선을 고정하지 않고 흘깃거리는 것은 주변 상황을 살피는 것으로 보이기도 하지만 사실은 뇌가 탈출구를 찾고 있는 것이다. 다시 말해 현재 상황에 불안을 느낀다는 의미다.

　유난히 지루한 상대와 함께 있다면 자꾸 주변을 둘러보게 된다.

그러나 이 몸짓이 상대방에 대한 관심 부족과 이 자리를 도망치고 싶다는 욕망을 의미한다는 사실을 대부분 알고 있기 때문에, 오히려 입술을 꽉 다물고 상대를 더 열심히 쳐다보면서 흥미가 있는 척 꾸며대기도 한다.

어디를 바라볼 것인가?

사람을 대할 때 얼굴과 몸의 어디를 응시하는가가 매우 중요하다. 지금부터 설명할 내용을 읽고, 가능한 한 빨리(아무에게도 알리지 말고) 다음의 3가지 기술들을 시험해 보라. 강력한 효과를 직접 체험할 수 있을 것이다. 다만 이 기술들을 능숙하게 활용하려면 일주일 정도 연습이 필요하다.

우선 응시의 기본 유형에는 '사교적인 응시' '친밀한 응시' '강렬한 응시' 등 3가지가 있다는 사실을 기억하자.

1. 사교적인 응시

사교적인 만남에서 상대방을 바라보는 시간 중 상대방의 눈과 입을 연결하는 삼각형에 시선을 고정하는 시간이 무려 90퍼센트에 이른다고 한다. 위협적이지 않은 상황에서 당신이 상대방의 얼굴 중 이 부분을 쳐다보면, 상대 역시 당신이 공격할 의사가 없다는 것을 인식하게 된다.

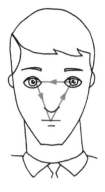
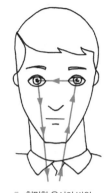
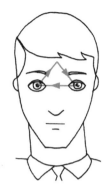

사교적인 응시의 범위   친밀한 응시의 범위   강렬한 응시의 범위

2. 친밀한 응시

두 사람이 먼 거리에서 서로를 향해 다가갈 때는 먼저 재빨리 상대의 얼굴과 하체 사이를 살펴 성별을 파악하고 다시 한번 훑어보면서 상대방에 대한 호감도를 결정한다.

이런 경우 시선의 범위는 상대의 두 눈을 지나 하체까지 이른다. 상대와 거리가 가깝다면 두 눈과 가슴을 꼭짓점으로 삼는 삼각형, 거리가 멀다면 두 눈과 사타구니 혹은 그 아래쪽을 영역으로 하는 삼각형에 시선을 고정시킨다.

이성 간에는 친밀한 응시를 통해 관심을 전달하는데, 시선을 받은 쪽 역시 상대가 마음에 든다면 똑같은 방식으로 마주볼 것이다. 이처럼 시선의 범위에 따라 전달하는 메시지가 달라진다.

사람은 보통 2번 정도 상대의 신체를 재빨리 살펴본 다음에 얼굴로 시선을 옮긴다. 실험 결과에 의하면 대부분의 사람들이, 심지어 수녀까지도 비슷한 방식으로 사람을 쳐다본다고 한다.

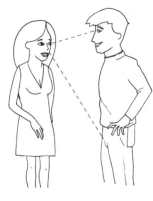

여성은 넓은 주변 시야 덕분에 들키
지 않고 남성의 몸을 훑어볼 수 있다.

여성은 넓은 주변 시야 덕분에 들키
지 않고 남자를 머리부터 발끝까지 전
체적으로 볼 수 있다. 반면 남성은 좁
은 터널 시야 탓에 여자의 신체를 위
아래로 흘깃거리면 고스란히 티가 난
다. 남자들이 노골적으로 여자를 훑어
본다고 비난받는 것도 이 때문이다. 그
러나 연구 결과에 의하면 오히려 여자가
남자보다 더 자주 이성의 몸을 훑어본다
고 한다.

대화 도중 바닥으로 시선을 내리는 것은 남자와 여자에게 각각
다른 의도가 있다. 남자는 단순하게 여자를 한번 훑어보기 위해서
다. 여자는 남자를 훑어보는 것과 동시에 시선을 내리깔면서 남자에
게 복종의 신호를 보내는 이중의 목적을 가진다.

3. 강렬한 응시

상대의 이마 한가운데 눈이 하나 더 있다고 상상해 보자. 그리고 3
개의 눈이 이루는 삼각형 안을 바라보라. 무슨 일이 벌어지는지는
겪어본 사람들만이 알 것이다. 3개의 눈이 이루는 삼각형을 지긋하
게 바라보면 매우 진지한 분위기를 조성할 수 있을 뿐 아니라 상대
를 향해 강력한 집중력을 유지할 수 있다.

시선을 돌리지 않고 계속 바라본다면 상대에게 압박감까지 줄 수
있다. 따라서 우호적이거나 낭만적인 만남에서는 이런 시선을 주의

해야 한다. 겁을 주고 싶은 상대나 도무지 입을 다물 줄 모르는 수다쟁이를 상대로 사용하면 효과적이다.

시선이 관계에 미치는 영향

만약 당신이 실수한 부하직원을 질책하는 상사 혹은 어린아이를 나무라는 부모의 입장이라면 어떤 응시 방법을 사용해야 할까? 사교적 응시를 사용하면 말의 효과가 반감되고, 친밀한 응시를 사용하면 상대가 당황하거나 부끄러워할 수 있다. 이런 경우에는 강렬한 응시로 상대를 바라보면 당신의 진심을 전달하면서도 영향력을 발휘할 수 있을 것이다.

그러나 남자들이 구애 과정에서 강렬한 응시를 사용하면 냉정하고 권위적인 사람이라는 낙인이 찍힐 것이다. 마음에 드는 이성에게 친밀한 응시를 보내면 고백하는 것이나 마찬가지다. 남자들의 친밀한 응시는 대부분의 여자가 쉽게 알아채지만 남자는 여자의 친밀한 응시를 전혀 눈치 채지 못하는 경우가 많아 여성을 좌절시키기도 한다.

상대의 기를 죽이는 눈빛

연약하고 겁먹은 눈빛을 가졌다면 '강한 시선'을 훈련해 보자. 누군가에게 공격을 받을 때 눈을 깜빡이지 말고 똑바로 쳐다보라. 눈을 가늘게 뜨고 상대에게 집중해야 한다. 육식 동물들이 사냥감을 공격하기 직전에 이런 눈빛을 보낸다. 눈을 깜빡이지 않은 채로 한 사람에게서 다른 사람에게로 천천히 시선을 돌리면 누구든 기가 죽을 것이다.

이 동작을 위해 우선 눈동자를 굴리고 그 다음에 머리를 움직이되 어깨는 고정시켜야 한다. 영화 〈터미네이터〉에서 아놀드 슈워제네거가 주로 보여준 강한 시선은 상대에게 공포심을 준다. 그러나 되도록이면 사람들과 유쾌한 만남을 이끌어 애초에 시선으로 제압할 일이 없도록 하는 것이 최선이다.

터미네이터의 강한 시선

정치가의 시선 처리

말을 하면서 주위를 두리번거리거나 상대와 눈을 맞추지 않는 사람은 신뢰를 얻기 어렵다. 우리의 고객 중에 텔레비전 인터뷰에 나가게 된 신참 정치인이 있었다. 그는 인터뷰 도중 계속 기자와 카메라 사이를 두리번거렸다. 이 때문에 그는 텔레비전에서 교활한 사람처럼 비춰졌고 점차 인기가 떨어졌다. 우리는 그에게 카메라를 철저히 무시한 채 질문한 기자 한 사람만 쳐다보는 훈련을 시켰다. 그러자 그의 신뢰도가 점차 회복되었다.

또 다른 정치가에게는 텔레비전 토론회에서 카메라 렌즈만 쳐다보며 말하라고 훈련시킨 일도 있다. 물론 토론 현장에 있던 청중들은 소외감을 느꼈겠지만, 수백만의 시청자들은 마치 그가 자신만을 향해 직접 말하는 듯한 강렬한 인상을 받을 수 있었다.

연애는 시선 교환에서 시작한다

우리는 텔레비전 쇼 프로그램을 위해 결혼정보회사와 함께 실험을 실시한 적이 있다. 남성 회원 몇 명에게 자신과 매우 잘 어울리는 여자와 데이트를 하게 되었으니 기대해도 좋다고 알렸다. 하지만 데이트 상대가 어린 시절 한쪽 눈을 다친 적이 있어 눈에 대해 상당히 예민하다고 말해주었다. 어느 쪽 눈을 다쳤는지는 확실히 모르지만, 유심히 보면 알 수 있을 거라고도 덧붙였다. 여성 회원에게도 데이트 상대에 대해 똑같은 이야기를 들려주었다.

데이트 당일, 남녀 모두 있지도 않은 '다친 눈'을 찾으려고 열심히 상대방의 눈을 들여다보았다. 데이트가 끝나고 남녀 모두 서로에게 높은 친밀감과 낭만적인 감정을 느꼈다고 보고했다. 이들이 두 번째 만남으로 이어진 확률도 결혼정보회사의 평균보다 2배나 높았다.

반면에 데이트 상대가 청력에 문제가 있으므로 큰 목소리로 이야기해야 한다는 말을 들은 커플들은 멀어질 확률이 높았다. 상대보다 점점 더 큰 소리로 말을 하다가 밤이 깊어가면서 고래고래 고함을 치는 지경에 이르렀기 때문이다.

시선을 피하는 것도 기술이다

많은 사람들이 판매를 위한 면담이나 취업 면접에 임할 때 자리를 떠나는 순간까지 상대의 눈을 똑바로 쳐다봐야 한다고 생각한다. 하지만 그것은 낯선 사람을 처음 만났을 때 일반적으로 거치는 과정과 상반되기 때문에 면접관과 지원자 모두에게 부담이 될 수 있다.

대체로 남자는 여자를 만나면 머리카락과 다리, 몸매, 전체적인 분위기 등을 파악하고 싶어 한다. 그런데 여자가 눈을 계속 쳐다보면 남자는 여자를 살펴볼 수 없기 때문에 어쩔 수 없이 면접하는 중간중간 곁눈질을 하게 된다. 따라서 면접에 집중하기가 힘들다. 비즈니스 현장에서 남자들이 이런 행동을 한다는 것에 대해 실망하는 여자들도 있겠지만 좋든 싫든 이것이 현실이다.

여자가 방을 나설 때 모든 남자가 여자의 뒤태를 훔쳐본다. 예쁜지 안 예쁜지는 별개의 문제다.

면접 장면을 몰래 카메라로 촬영해 보니, 여자 면접관들은 남녀 구분 없이 지원자의 헤어스타일, 옷의 디자인, 구두 상태 등을 꼼꼼히 살폈다. 심지어 잠깐 보이는 구두 뒤축까지도 확인하는 모습이었다. 하지만 여자들은 넓은 주변 시야 덕분에 시선 처리를 들키지 않았을 뿐이다.

면접에서 좋은 점수를 받고 싶다면 일단 면접관과 악수를 나눈 다음 그(혹은 그녀)가 방해받지 않고 당신을 훑어볼 수 있도록 2~3초 정도 시간을 주는 게 좋다. 고개를 숙인 채 서류가방 혹은 서류철을 열거나 외투를 옷걸이에 걸고 오거나 혹은 의자를 당겨 앉거나 한 다음 고개를 다시 들면 된다. 판매를 위한 면담 현장을 촬영하여 분석해 본 결과, 영업 사원이 이 전략을 활용했을 때 고객들이 더 좋은 점수를 주었을 뿐 아니라 판매 실적도 더 우수했다.

지금 무엇을 떠올리고 있습니까?

눈동자의 움직임을 보면 상대가 과거에 본 것, 들은 것, 냄새 맡은 것, 맛본 것, 만진 것 중에서 무엇을 떠올리고 있는지 알 수 있다. 이 기술은 미국의 심리학자 그라인더와 밴들러가 개발한 것으로 '신경 언어학적 프로그래밍NLP'라고 불린다.

간단히 설명하면, 사람이 예전에 본 것을 떠올릴 때는 눈이 위쪽을 향해 움직인다. 들은 것을 떠올릴 때는 옆을 보면서 마치 귀를 기울이듯 고개를 살짝 기울인다. 또 느낌이나 감정을 떠올릴 때는 오른쪽 아래를, 혼잣말을 할 때는 왼쪽 아래를 바라본다.

문제는 눈동자의 움직임이 아주 순간적으로 나타나고 다른 몸짓들과 조합을 이루기 때문에 바로 읽어내기 어렵다는 것이다. 하지만 비디오로 촬영해 보면 속마음과 모순되는 말을 하는 순간을 금방

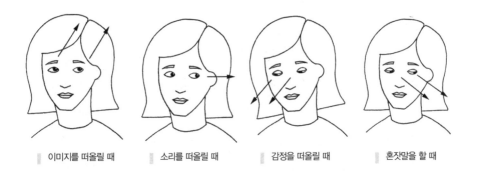

| 이미지를 떠올릴 때 | 소리를 떠올릴 때 | 감정을 떠올릴 때 | 혼잣말을 할 때 |

찾아낼 수 있다.

일반적으로 사람들 중 35퍼센트는 시각적 정보 채널을 선호하여 '무슨 생각인지 그림이 그려집니다.' '그걸 알아볼 수 있어?' 같은 시각 정보와 관련된 표현을 사용한다. 이런 사람들의 주목을 끌기 위해서는 사진이나 표, 그래프 등을 보여주면 된다. 25퍼센트는 청각적 채널을 선호하여 '귀가 번쩍 뜨였어.' '무슨 말인지 알아들었어.' 같은 표현을 사용한다. 나머지 40퍼센트는 촉각 채널을 선호하여 '머리 좀 잘 굴려 봐.' '그 뜻이 손에 잡힐 듯하다.' 같은 표현을 자주 쓴다.

청중의 시선을 끄는 방법

우리는 각종 회의에서 전문 강사로 활동하면서 청중의 관심을 끌고 유지하는 방법을 개발해 왔다. 청중의 시선을 집중시키고 회의에 참여시키기 위한 기본적인 방법을 소개한다.

1. 그룹으로 나누어라

청중이 50명 정도 될 경우에는 모든 참석자와 하나하나 눈을 맞추는 것이 가능하다. 하지만 청중의 규모가 커지면 다른 방식이 필요하다. 실제로든 상상으로든 청중을 여러 그룹으로 나누고, 그룹 한가운데 점을 찍거나 표시를 해보라. 강연을 하면서 각 점을 한 번씩 번갈아 쳐다보면, 최대 50명의 그룹에서 20명 정도는 자신에게 직접 이야기를 한다는 느낌이 받기 때문에 청중과 친밀한 유대를 맺을 수 있다.

2. 시각적 자료를 활용하라

책이나 표, 그래프 등 시각 자료를 활용하여 발표를 할 때는 시선의 방향을 통제할 줄 알아야 한다. 시각적 자료에 대해 설명할 때 뇌로 전달되는 정보 중 83퍼센트는 눈을 통해, 11퍼센트는 귀를 통해, 6퍼센트는 여타 감각기관을 통해 들어온다는 연구 결과가 있다.

미국 와튼스쿨의 연구 결과에 따르면, 말로 전달한 정보는 10퍼센트만이 기억에 남는다고 한다. 즉 말로 이야기하거나 발표할 때는

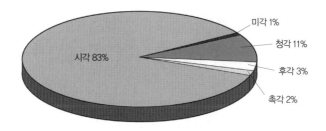

시각적 자료를 설명할 때 뇌에 정보를 전달하는 감각기관의 역할 비중

핵심 내용을 계속 반복해서 설명해야 한다.

그에 비해 시각 자료를 보여주면서 말로 설명을 덧붙이는 경우, 기억률이 50퍼센트까지 높아졌다. 정보 전달 효과도 4배나 상승했다. 비즈니스 현장에서 시각 자료를 활용하면 업무 회의 시간이 평균 25.7분에서 18.6분으로 짧아져 28%의 시간 절약 효과가 있다는 것도 이미 널리 알려진 사실이다.

3. 시선 통제하기

청중의 시선을 집중시키고 싶다면 먼저 펜 등으로 시각 자료를 가리키면서 말로 설명하라. 그런 다음 펜을 들어올려 자신의 눈과 상대의 눈(혹은 청중) 사이에 둔다. 상대의 시선이 마치 자석에 끌린 듯 펜을 따라 당신을 향하고 당신이 전하는 메시지를 최대한 흡수할 것이다. 이때 펜을 쥐고 있지 않은 반대쪽 손은 손바닥을 펼쳐 보여야 한다는 것을 잊지 말아야 한다.

우리는 발표 도중 특히 말을 하지 않는 동안 여성이 남성보다 청중과 더 자주 시선을 교환한다는 사실을 알아냈다. 하지만 말을 하

시각적 자료를 소개하면서 펜을 이용해 상대의 시선을 통제한다.

는 동안에는 남성이 여성보다 더 자주 시선을 교환했다. 남자는 다른 남자의 이야기를 들을 때보다 여자의 이야기를 들을 때 더 집중하는 것으로 나타났다.

8장

영역

지인과 타인을 가르는
보이지 않는 선

다른 사람의 눈으로 볼 때 비로소
자기 자신을 똑똑히 알 수 있다.

— 존 러스킨

새와 물고기, 영장류에 이르는 동물들이 자신들의 영역을 표시하고
지킨다는 것은 이미 수많은 책과 논문을 통해 널리 알려졌다. 그러
나 인간이 '영역'을 형성한다는 것은 비교적 최근에 와서야 밝혀진
사실이다. 인간의 영역에 대해 이해한다면 자신의 행동 방식에 대해
통찰력이 생기는 것은 물론이고 다른 사람들의 반응도 예측 가능해
질 것이다.

미국의 인류학자 에드워드 홀은 인간의 공간 욕구를 최초로 연구
한 학자 중 한 명으로, 1960년대 초반 '근접학proxemics'이라는 색다
른 개념을 만들어냈다. 홀의 연구는 인간관계를 이해하는 새로운 시
각을 제시했다.

나라마다 국경선으로 자국 영토를 분명히 규정하고 군대를 동원
해 지키기도 한다. 나라는 주나 도 등 더 작은 영역들로 나뉘고 그
안에는 시나 군 등 영역들이 있다. 다시 그 안에는 거리들이 있고 사
람이 살아가는 집이나 건물과 같은 영역들이 있다.

각 영역의 거주자들은 자기 영역에 대한 보이지 않는 충성심을 가지며 그 영역을 보호하기 위해서라면 폭력과 살인조차 마다하지 않는다. 뿐만 아니라 우리는 극장에 가면 팔걸이 하나를 놓고 옆 사람과 조용히 신경전을 벌이기도 한다.

홀 박사에 의하면 모든 사람은 울타리에 둘러싸인 집처럼 자동차 내부, 침실, 개인용 의자, 자신의 신체를 둘러싼 일정 공간 등 자신만의 '개인 공간'을 갖고 있다.

개인 공간

동물들은 대부분 신체 주변의 일정 공간을 개인 공간이라고 주장한다. 개인 공간의 넓이는 주로 동물이 성장한 지역의 개체 밀도 및 혼잡한 정도에 따라 달라진다. 즉 개인 공간은 동물이 사는 환경에 따라 확대 혹은 축소될 수 있다. 아프리카의 평원에서 자란 사자는 같은 지역에 사는 사자의 수에 따라 개인 공간이 반경 50킬로미터 혹은 그 이상이다. 반면 동물원에서 성장한 사자의 개인 공간은 몇 미터 정도에 불과할 것이다.

사람은 어디를 가나 자신만의 개인 공간인 '공기 기둥'을 두르고 다닌다. 공기 기둥

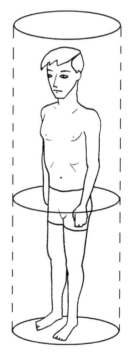

자신만의 개인 공간

의 크기는 자신이 성장한 환경의 인구 밀도에 따라 달라진다. 따라서 개인 공간은 문화적으로 결정된다고 볼 수 있다. 일본이나 한국처럼 인구 밀도가 높은 환경에 익숙한 문화권도 있지만, 탁 트인 공간을 선호하여 멀리 떨어져 있는 것을 선호하는 문화권도 있다.

연구에 따르면 교도소 재소자들은 어떤 집단이나 사회에 속한 사람보다 더 넓은 개인 공간을 원한다. 그래서 재소자들은 누군가 접근할 때마다 공격성을 드러낸다. 주변에 아무도 접근하지 못하도록 재소자를 독방에 감금하면 금방 차분해지는 효과가 있다.

타인과의 거리

호주나 뉴질랜드, 영국, 북미, 북유럽, 스칸디나비아, 캐나다, 혹은 싱가포르나 괌, 아이슬란드처럼 서구화된 문화권에 살고 있는 사람들의 개인 공간을 살펴보자.

당신이 살고 있는 나라의 개인 공간은 우리가 여기서 논의하는 국가들보다 넓을 수도 좁을 수도 있지만, 비율로 따지면 대체로 비슷할 것이다. 아이들은 대략 12살 무렵부터 개인 공간에 대한 개념을 익히기 시작한다. 개인 공간은 타인과의 관계에 따라 다음과 같이 4가지로 분류할 수 있다.

1. 친밀한 거리
15~46센티미터 사이. 이 반경에 속하는 공간은 사람들이 사유 재산

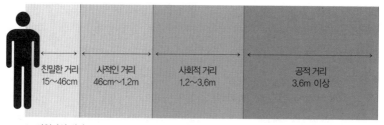

▌ 타인과의 거리

처럼 여길 정도로 가장 중요하게 생각하는 영역이다. 연인이나, 부모, 배우자, 자녀, 친한 친구, 친척, 애완동물 정도의 감정적으로 가까운 사람들에게만 접근을 허용한다. 친밀한 영역 안에는 반경 약 15센티미터의 하위 영역이 있다. 이 영역은 오직 친밀한 신체 접촉을 할 때만 타인이 들어올 수 있다.

2. 사적인 거리

46센티미터~1.2미터 사이. 칵테일파티나 직장 회식, 사교 모임, 친구들과의 만남 등에서 어느 정도 친분이 있는 사람과 두는 거리다.

3. 사회적 거리

1.2~3.6미터 사이. 집수리를 하러 온 배관공, 목수, 우편배달부, 동네 상점주인, 신입직원 혹은 낯선 사람과 떨어져 서는 거리다.

4. 공적 거리

3.6미터 이상. 대규모 군중을 대상으로 연설을 할 때는 항상 이 정도 거리를 두고 서야 편안함을 느낀다.

적당한 거리를 유지하라

친밀한 거리(15~46cm)을 침범할 수 있는 사람은 가까운 친척이나 친구 혹은 성적 관심을 표하는 이성이다.

낯선 사람이 사적인 거리나 사회적 거리 안으로 들어올 때는 어느 정도 참을 수 있지만, 친밀한 거리를 침범하면 생리적 변화가 일어난다. 심장 박동이 빨라지고 아드레날린이 혈관 안으로 공급되며 혈액이 뇌와 근육으로 몰린다.

즉 당신이 처음 만난 사람의 어깨에 다정하게 팔을 두른다면 상대는 예의를 지키느라 기분 좋은 척 미소를 짓고 있더라도 당신에게 부정적인 감정을 갖게 된다.

그러므로 사람들과 편안한 관계를 유지하기 위해서는 적당한 거리를 지켜야 한다. 당신이 신입사원이라면 입사 첫날 다른 직원들이 당신을 냉정하게 대한다고 느낄 수도 있을 것이다. 그러나 직원들은 당신에 대해 알기 전까지 사회적 거리를 두는 것뿐이다. 동료들과 친해질수록 거리가 좁아지다가 결국 언젠가는 사적인 거리 혹은 친밀한 거리 안으로 들어가게 될 것이다.

표정을 감추는 사람들

혼잡한 극장이나 엘리베이터, 기차, 버스 등에서는 어쩔 수 없이 다른 사람의 친밀한 거리를 침범할 수밖에 없다. 다음은 만원 엘리베이터, 끝이 보이지 않을 정도로 길게 늘어선 줄, 출퇴근 시간의 대중교통 등 낯선 사람들이 많이 모여 있는 장소에서 사람들이 보편적으로 취하는 행동이다.

1. 아는 사람을 포함해서 아무에게도 말을 걸지 않는다.
2. 다른 사람과 눈을 맞추지 않는다.
3. 어떤 감정도 내보이지 않는 포커페이스를 유지한다.
4. 책이나 신문을 들고 있다면 몰입해서 읽는 척한다.
5. 되도록 몸을 움직이지 않는다.
6. 엘리베이터를 탔을 때는 층수가 바뀌는 것만 지켜본다.

우리는 이런 행동들을 마치 가면을 쓴 것처럼 자신의 감정을 숨긴다고 '가면 쓰기'라고 부른다. 사람들은 출퇴근 시간에 대중교통을 이용하는 회사원들을 '불행한' '비참한' '풀죽은' 같은 단어로 묘사하곤 한다. 그들의 무표정한 얼굴을 빗댄 것이지만 사실 우리의 착각에 불과하다. 우리의 눈에 보이는 것은 가면을 쓴 사람들, 즉 혼잡한 공공장소에서 속마음을 숨기고 있는 사람들일 뿐이다.

군중이 폭도로 변하는 이유

시위 단체나 성난 군중은 개인 공간을 침범당한 개인과는 또 다른 반응을 보인다. 군중의 밀도가 높아지면 개인 공간이 좁아지면서 사람들 사이에 적대감이 높아진다. 그래서 군중이 많이 모일수록 분위기가 험악해지고 결국 싸움판이 벌어진다. 이런 경우 경찰은 군중을 해산시켜 사람들이 개인 공간을 회복하도록 유도한다.

사람들은 최근에 와서야 고밀도 주택 건설 계획이 개인 공간을 위협한다는 사실에 주목하기 시작했다. 인구 과밀화 현상의 결과는 미국의 메릴랜드 해변에서 2킬로미터 밖에 위치한 제임스 섬의 사슴 개체수 변화 연구를 보면 예측할 수 있을 것이다. 제임스 섬은 먹이가 풍부하고 뚜렷한 포식자도, 전염병도 없었지만 사슴들이 집단으로 사망하는 일이 벌어졌다. 쥐와 토끼를 대상으로 한 이전의 연구에서도 비슷한 사건이 있었다.

사슴의 집단 사망은 부신 호르몬 과다 분비가 원인이었다(부신은 성장과 생식, 신체 면역력 조절 등 중요한 역할을 담당한다). 기아나 감염, 포식자의 공격 등이 없음에도 개체수가 폭발적으로 증가하자 개인 공간이 줄어들면서 사슴들이 극심한 스트레스를 받은 것이다. 인구 밀도가 높은 지역에서 범죄와 폭력 사건의 발생 확률이 높은 것도 같은 이유다.

인간의 원초적인 욕구 중 하나는 자기 땅을 소유하는 것이다. 자기 땅이 있으면 공간의 자유를 확보할 수 있기 때문이다.

수사관들이 용의자를 취조할 때 개인 공간을 침범하는 방법을 쓴다. 용의자를 텅 빈 취조실 한가운데 팔걸이가 없는 의자에 앉히고 친밀한 거리 안으로 다가가서 자백할 때까지 심문을 하는 것이다.

이런 방식으로 개인 공간을 침범하면 짧은 시간 안에 용의자의 저항 의지를 제압할 수 있다.

남자들은 멀찍이 떨어진 소변기를 선호한다

극장에서 자리를 찾거나, 회의 테이블에 앉거나, 헬스클럽에서 수건걸이를 찾을 때처럼 낯선 사람들 틈에서 개인 공간을 확보할 때 일종의 규칙이 있다. 대개는 가장 멀리 떨어져 앉은 두 사람의 중간에 자리를 잡는다.

극장을 예로 들자면 한 열의 가장자리에 앉은 사람과 가장 가까운 자리에 앉은 사람의 사이에 자리를 잡는 것이다. 헬스클럽에서는 가장 먼 거리를 사이에 두고 걸려 있는 수건 두 장의 한가운데 자리에 수건을 건다. 이 규칙은 상대와 너무 가까운 자리를 잡아 위협을 주거나, 혹은 너무 먼 자리를 골라 상대의 기분을 상하게 하지 않기 위한 것이다. 보통 이런 공간 활용 방식은 학습하며 주변 사람과 조화를 이루는 것이 주목적이다.

그러나 공중 화장실은 예외다. 관찰 결과 90퍼센트의 사람들이 제일 끝에 있는 칸을 선택하는 것으로 밝혀졌다. 제일 끝 칸에 사람이 있을 경우에는 가운데 칸을 선택했다. 남자들은 공중 소변기를 이용할 때 낯선 사람 바로 옆에 서지 않으려고 하며 시선을 다른 곳으로 돌린다.

일본인과 미국인의 왈츠

국제회의에 참석해 관찰해 보면 도시 출신 미국인들은 보통 상대와 46~122센티미터 정도 떨어져서 대화를 한다. 이 미국인이 일본인과 대화를 하게 되면 어느 순간부터 두 사람은 천천히 회의장 안을 돌기 시작한다. 일본인은 자꾸 앞으로 다가가고 미국인은 거기에 맞춰 뒷걸음질을 치기 때문이다. 양쪽은 모두 서로 다른 개인 공간을 확보하기 위해 움직이는 것이다.

친밀한 거리가 25센티미터인 일본인은 자신의 공간적 욕구를 충족시키기 위해 앞으로 다가선다. 하지만 이것은 미국인의 친밀한 거리를 침범하는 행위다. 그래서 미국인은 자신만의 개인 공간을 확보하기 위해 계속 뒤로 물러선다. 이 장면을 비디오로 촬영한 후 빠른 속도로 재생해 보면 일본인의 리드로 두 사람이 방을 돌며 왈츠라도 추는 듯 보인다.

개인 공간에 대한 문화적 차이를 이해해야 한다.

친밀한 거리의 차이로 인해 아시아인과 유럽인, 미국인 등이 비즈니스 협상 테이블에서 서로를 의심의 눈초리로 바라보게 된다. 유럽인과 미국인은 아시아인을 지나치게 친한 척하는 사람, 아시아인은 유럽인과 미국인을 냉정하고 거만한 사람이라고 생각하는 것이다. 이처럼 문화권마다 친밀한 거리의 범위가 다르다는 사실을 알지 못하면 오해와 잘못된 추측을 하기 쉽다.

악수하는 모습을 보면 출신지를 알 수 있다

사람이 필요로 하는 개인 공간은 자신이 살고 있는 지역의 인구 밀도와 관련이 있다. 예를 들어 인적이 드문 시골에서 자란 사람은 북적대는 도시에서 성장한 사람보다 더 넓은 개인 공간이 필요하다. 그래서 악수를 하기 위해 팔을 뻗는 모습을 보면 도시 출신인지 시골 출신인지 파악할 수 있다.

도시 출신들의 개인 공간은 대체로 반경 46센티미터 정도다. 인구 밀도가 낮은 시골에서 성장한 사람의 개인 공간은 1미터 혹은 그 이상이다. 악수를 하기 위해 손을 내미는 거리도 거의 비슷하다. 두 사람이 악수를 나누면 각자의 손이 중립적인 영역에서 만난다.

시골 출신은 두 발을 바닥에 딱 붙이고 몸을 앞으로 기울이며 악수를 하는 경향이 있다. 반면에 도시 출신은 한 발을 앞으로 내디디며 악수를 한다.

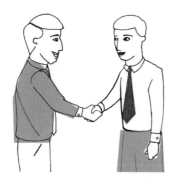

도시 출신의 두 남자가 각자 손을 46센티미터쯤 내밀고 악수하고 있다.

시골 출신의 두 남자가 손을 1미터 정도 뻗어서 악수를 나누고 있다.

인적이 극히 드문 지역 출신의 두 남자가 멀찍이 떨어져서 손을 흔들고 있다.

굉장히 외딴 지역에서 생활한 사람들의 개인 공간은 더 넓어서 대략 6미터에 이르는 경우도 있다. 이런 사람들은 악수를 하기보다는 멀리 서서 손을 흔들며 인사한다.

도시 출신의 영업사원이 인적이 드문 시골을 방문할 때 이런 정보를 알고 있으면 유용할 것이다. 개인 공간이 1~2미터 혹은 그 이상인 농부에게는 손을 길게 내밀어 악수를 나누고, 인구가 극히 적은 외딴 지역 고객과는 멀리서 손을 흔들며 인사를 나누면 판매 성공률이 높아질 수 있다.

내 자리를 지키는 법

개인 공간에는 자주 머무는 공간이나 소지품도 포함된다. 집과 사무실, 자동차 등이 벽과 문, 울타리 따위로 경계가 표시되는 대표적인 개인 공간이다.

개인 공간은 여러 개의 하위 공간으로 나뉜다. 예를 들어 집에서 부엌을 개인 공간으로 삼는 사람도 있다. 이런 사람은 자신이 부엌을 쓸 때는 다른 사람의 출입을 허락하지 않을 것이다. 사업가가 회의 테이블에서 선호하는 좌석이나 자주 가는 식당에서 제일 좋아하는 자리도 개인 공간이다. 이런 공간에 자기 이름을 새기거나 볼펜, 책, 옷 등을 올려두어 자신의 영역을 표시한다.

데즈먼드 모리스의 연구에 의하면, 도서관 책상에 책이나 소지품을 올려놓으면 평균 77분 정도 다른 사람들로부터 자리를 지킬 수 있다. 의자 위에 상의를 걸쳐 놓으면 대략 2시간 동안 아무도 그 자리를 탐내지 않았다. 집에서도 자신이 좋아하는 의자 위에 핸드백이나 잡지 같은 개인 물품을 올려놓으면 해당 공간에 대한 소유권을 주장하기 쉽다.

반면 손님이 허락 없이 주인 의자에 앉으면 주인은 불쾌감을 느낀다. "어떤 의자에 앉을까요?"라고 미리 물어본다면 무례한 실수를 막을 수 있다.

운전대만 잡으면 변하는 사람

자동차는 개인 공간의 크기를 확대하는 효과가 있는 듯하다. 경우에 따라 운전자의 개인 공간이 평소의 10배까지 확대되어 자신의 자동차 앞뒤로 8~10미터 정도를 개인 공간으로 생각하기도 한다. 그래서 다른 차가 끼어들면 위험한 상황이 아님에도 화를 내거나 심지어 공격적으로 행동하는 운전자도 있다.

이처럼 개인 공간에 대해 어떤 기준을 갖고 있는가, 어떤 상대를 무슨 상황에서 대하는가 등에 따라 상대의 환영을 받을 수도 거부를 당할 수도 있다. 따라서 상대가 유지하는 거리나 공간에 대해 쉽게 단정 짓기 전에 그 상황이나 조건들을 고려해 보는 것이 현명하다.

다리

가장 강력한
거짓말 탐지기

우리는 뇌와 멀리 떨어져 있는 신체부위일수록 무슨 행동을 하는지 잘 인식하지 못한다. 예를 들어 사람들은 대부분 자기가 지금 어떤 표정을 짓는지 알고 있다. 기쁜 표정이나 실망한 표정을 지을 수도 있고 기분이 나쁘면서도 억지로 미소를 보일 수 있다. 그러나 얼굴에 비해 팔이나 손, 가슴과 배의 움직임에 대해서는 민감하게 인식하지 못한다. 특히 발의 움직임에 대해서는 무감각할 때도 많다.

따라서 다리와 발은 상대의 태도를 파악하는 데 중요한 정보의 원천이 된다. 대부분 현재 자신의 다리와 발이 어떻게 움직이고 있는지 좀처럼 모르고 있으며 다리와 발의 움직임을 꾸며낼 생각조차 하지 않기 때문이다.

침착하고 차분해 보이도록 제어해도 반복적으로 발을 구르거나 다리를 떨고 있다면 '얼른 도망치고 싶다.'라는 불안한 속마음을 들킬 수밖에 없다.

걸음걸이만 봐도 알 수 있다

걸을 때 팔을 흔드는 모습을 보면 상대방의 진짜 성격이나 상대방이 어떤 사람으로 보이고 싶은지를 짐작할 수 있다. 젊고 건강하고 활기찬 사람은 팔을 높이 흔들며 걷기 때문에 마치 행진을 하는 듯 보인다. 젊은이들은 나이 든 사람에 비해 걷는 속도가 빠르고 근육도 유연하기 때문이다.

군인들이 과장된 걸음걸이로 행진을 하는 것도 군인들의 젊음과 활력을 강조하기 위해서다. 정치가들의 걸음걸이도 비슷하다. 여자들은 걸을 때 팔을 뒤로 더 멀리 흔드는 경향이 있다. 아기를 안기 편하도록 여자들의 팔꿈치 아랫부분이 남자들에 비해 바깥쪽으로 휘었기 때문이다.

얼굴이 아니라 다리를 보라

우리는 기업 관리자들에게 면접장에서 확신에 찬 태도로 거짓말을 하도록 지시한 후 관찰하는 실험을 했다. 거짓말을 할 때마다 성별에 관계없이 피실험자인 관리자들은 무의식적으로 발을 움직이는 횟수가 급증했다. 거짓말을 하는 동안 상대를 속이기 위해 표정을 꾸미고 손의 움직임도 통제했지만, 발과 다리의 움직임은 신경쓰지 못했다.

심리학자 폴 에크만은 사람들이 거짓말을 할 때 하체의 움직임이 증가하며 전신이 노출된 상황에서는 거짓말을 들킬 확률이 높아진다는 결론을 내렸다. 이제 사업가들이 하체를 감출 수 있는 책상에 앉는 것을 편안해 하는 이유가 짐작갈 것이다.

상대방의 거짓말을 간파하고 싶다면 책상 아래를 살펴라.

유리로 만든 탁자는 하체의 움직임을 숨길 수 없어 스트레스를 유발한다. 두 다리가 완전히 드러나는 까닭에 자신을 완벽하게 통제할 수 없다는 생각을 들게 하기 때문이다.

다리의 존재 이유

사람의 다리는 음식을 구하러 돌아다니기 위해 그리고 위험으로부터 도망치기 위해 진화했다. 이처럼 원하는 것을 향해 나아가는 것과 원하지 않는 것으로부터 물러나는 것은 인간의 본능이다. 그래서 다리와 발의 움직임을 보면 그 사람이 어디로 가고 싶어 하는지 알 수 있다. 다시 말해 상대의 발과 다리가 대화를 계속 하고 싶은지, 그만 자리를 떠나고 싶은지를 보여준다는 것이다.

다리를 꼬지 않거나 벌린 자세는 개방적이거나 지배적인 태도를, 다리는 꼰 자세는 폐쇄적이거나 불확실한 태도를 뜻한다. 상대 남자에게 관심 없는 여자는 팔짱을 끼고 다리를 꼬고 앉아 '접근 금지'라는 뜻의 보디랭귀지를 취할 것이다. 반대로 상대 남자에게 관심이 있는 여자는 남자를 향해 개방적인 자세를 취할 것이다.

4가지 기본적인 직립 자세

1. 차렷 자세

머물겠다거나 떠나겠다는 뜻이 아닌, 중립적 태도를 나타내는 정중한 자세다. 남녀가 만날 때 두 다리를 붙이고 있으면 '대답하지 않겠다.'를 뜻하므로 남자보다 여자가 더 자주 취하는 자세다. 학생들이 선생님 앞에서, 하급자가 상급자 앞에서, 직원이 사장 앞에서 말을 할 때 주로 이 자세를 취한다.

2. 다리를 벌리고 선 자세

이것은 주로 남성들이 취하는 자세로, 사타구니를 과시하는 동작이다. 양발을 바닥에 단단히 붙이고 서서 절대 움직이지 않겠다는 의사를 나타낸다. 그리고 이 자세는 지배의 신호로 사용되기도 한다.

운동 경기를 하는 남자 선수들이 휴식 시간에 다리를 벌리고 빙 둘러서서 사타구니를 매만지는 모습을 쉽게 볼 수 있다. 이는 가려

예의 바른 차렷 자세

남성성을 과시하는 자세

워서 만지는 것이 아니라 남성성을 강조하는 동시에 모든 선수가 비슷한 동작을 함으로써 단결력을 과시하는 행동이다.

3. 한 발을 앞으로 내민 자세

이 자세는 한쪽 다리에 몸무게를 실으면서 다른 쪽 발을 앞으로 내민 것이다. 중세 시대 작품 속 상류층 남자들이 이런 자세로 서 있는 모습을 자주 볼 수 있는데 멋진 반바지와 고급 양말, 화려한 신발 등을 과시하기 위해서다.

사람은 무의식적으로 마음이 가는 방향으로 발을 내밀기 때문에 어딘가를 향해 막 발걸음을 떼려는 듯 보이는 이 자세는 상대의 행동을 짐작하는 데 중요한 단서가 된다. 사람들이 많이 모인 장소에서 발끝은 가장 흥미롭고 매력적인 사람 쪽으로 향하고, 자리를 떠나고 싶을 때는 가장 가까운 출구 쪽으로 향한다.

4. 다리를 교차한 자세

남녀가 고루 모이는 자리에 참석할 기회가 있다면 사람들을 유심히 살펴보라. 팔짱을 끼고 다리를 꼰 채 서 있는 무리들을 관찰해 보면 서로 일반적인 사회적 거리보다 훨씬 더 큰 간격을 두고 멀리 떨어져 서 있을 것이다. 그들이 외투나 상의를 입고 있다면 단추를 모두 채우고 있을 가능성이 높다. 이 자세는 전혀 모르는 사람들과 함께 서 있을 때 주로 취한다.

다리를 벌린 자세가 개방적이고 지배적인 태도를 나타낸다면 다리를 교차한 자세는 폐쇄적, 복종적 혹은 방어적인 태도를 보여준

발끝은 마음이 향하는 방향
을 가리킨다.

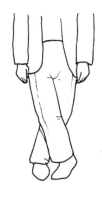
다리를 교차한 자세는 자리를 떠나지
않겠다는 뜻을 나타낸다.

다. 생식기에 대한 어떤 접근도 허용하지 않겠다는 상징적 의미를
담고 있기 때문이다.

여성이 다리를 교차한 자세를 취하고 있다면 '자리를 떠나지 않
고 머물러 있겠다.' 혹은 '접근을 허용하지 않겠다.'라는 2가지 속마
음을 담고 있는 것이다.

남성이 이 자세를 취한다면 역시 자리를 떠날 생각이 없으며 '소
중한 곳을 공격하지 말아 달라.'라는 의사를 나타낸다. 다리를 벌리
는 자세는 남성성을 과시하는 것, 다리를 교차하는 자세는 남성성을
보호하는 것이다. 남자는 자신보다 열등해 보이는 남자들 앞에서 사
타구니를 과시하는 자세를 취한다. 하지만 자신보다 우월해 보이는
남자들 앞에서는 상대에게 공격당할지도 모른다는 불안감을 느낀
다. 연구에 의하면 자신감이 부족한 사람들이 주로 다리를 교차하는
자세를 취한다고 한다.

이번에는 두 팔을 펴고 상대방을 향해 손바닥을 내보이며 외투

단추를 풀고 있는 사람을 찾아보자. 한 다리에 체중을 싣고, 반대쪽 다리의 발끝을 다른 사람들을 향한 채 서 있는 사람들도 좋다. 모두 활발히 손짓을 하면서 서로의 개인 공간을 자유롭게 넘나들고 있을 것이다. 이들은 모두 친구 사이 혹은 개인적으로 아는 사이일 가능성이 높다.

다음과 같은 실험을 해보자. 아는 사람이 하나도 없는 모임에 참석하여 단단히 팔짱을 끼고 다리를 교차한 채 심각한 표정을 지어보라. 다른 사람들도 하나둘씩 팔짱을 끼고 다리를 교차한 채 당신, 즉 낯선 사람이 떠날 때까지 그 자세를 유지할 것이다. 그리고 그 자리를 떠난 후 다시 관찰해 보라. 다른 사람들 역시 원래의 개방적인 자세로 돌아갈 것이다.

다리를 교차한 자세는 부정적이고 방어적인 감정이 나타낼 뿐만 아니라 주위의 다른 사람까지 똑같이 불안하게 만든다.

춥거나 불안하거나

방어적이거나 불안해서가 아니라 단지 추워서 팔짱을 끼거나 다리를 교차하는 것이라고 주장하는 사람도 있다.

하지만 추위를 느끼는 사람은 방어적인 자세를 취할 때처럼 두 손을 팔꿈치 아래에 넣는 것이 아니라 보통 겨드랑이 밑에 끼워 넣는다. 또 양

이 여성은 춥거나 화장실을 찾고 있을 가능성이 높다.

팔로 자기 몸을 끌어안고 두 다리도 곧게 펴서 꽉 붙인다. 반면에 방어적인 사람은 보다 이완된 자세로 다리를 교차시킨다.

　습관적으로 팔짱을 끼거나 다리를 꼬는 사람들은 자신이 예민하고 방어적이라는 사실을 인정하기보다는 자주 추위 탓을 한다. 아니면 그런 자세가 편안하다고 주장한다. 그들의 말은 아마 진실일 것이다. 불안하거나 방어해야겠다는 느낌이 들 때 팔짱을 끼거나 다리를 교차하면 마음이 편해지기 때문이다.

친해지면 다리가 풀린다

낯선 사람들이 서로를 알게 되고 편안해지면 폐쇄적인 자세가 점차 개방적인 자세로 바뀐다. 이 과정은 어디서나 같은 방식으로 전개된다. 처음은 팔과 다리를 교차한 폐쇄적인 자세로 대화를 시작한다(그

　그림 1. 서로 불안해 하는 폐쇄적인 상태　　　그림 2. 서로를 받아들이는 개방적인 상태

림 1). 점차 서로 친밀감이 생기면 교차했던 다리를 풀고 양발을 나란히 딛는다. 그리고 팔짱을 낄 때 위로 올라간 팔을 내리고 가끔씩 손바닥을 내보이기도 한다. 그 다음으로 양쪽 팔을 모두 풀고 손짓을 하거나 허리에 얹거나, 주머니에 넣기도 한다. 마지막으로 한 사람이 '한 발을 앞으로 내민 자세'를 취하면서 상대방을 수용하는 태도를 보인다(그림 2).

미국식 4자 모양 다리 걸치기

이 자세는 생식기를 강조하기 때문에 사타구니를 과시하는 자세라고 할 수 있다. 미국인 남성 혹은 싱가포르나 일본, 필리핀처럼 미국 문화에 익숙한 남성들이 주로 취한다. 제2차 세계대전 당시 나치 군인들은 미국식 4자 모양 다리 걸치기를 하는 사람들을 색출하기도 했다. 독일인이 아니거나 미국에서 오래 체류한 사람이라는 증거였기 때문이다.

이 자세를 취하고 있으면 지배적인 사람처럼 보일 뿐 아니라 느긋하고 젊은 사람처럼 보이기도 한다. 하지만 중동과 아시아 일부 지역에서는 더러운 곳을 밟고 돌아다니는 신발 바닥이 보인다는 이유로 모욕적인 자세라고 여긴다.

때로는 4자 모양 다리 걸치기를 절대로 풀지 않겠다는 듯이 한 손 혹은 양손으로 다리를 움켜쥐는 사람을 볼 수 있다. 자기 생각 외에는 누구의 의견도 듣지 않는 고집이 센 사람이 주로 취하는 자세다.

논쟁적인 태도를 보이는 미국식 4자
모양 다리 걸치기

4자 모양 다리를 손으로 붙잡는 사람
은 고집을 버릴 생각이 없다.

연구에 의하면 대부분의 사람들은 양발을 바닥에 디딘 상태에서 최종 결정을 내린다고 한다. 즉 미국식 4자 모양 다리 걸치기를 하고 있는 사람에게 결정이나 판단을 요구하는 것은 부질없는 행동이라는 뜻이다.

몸이 닫히면 마음도 닫힌다

우리는 관리자 100명과 영업사원 500명으로 구성된 회의에 참석한 적이 있다(참석자들의 남녀 비율은 50대 50이었다). 이 자리에서는 회사의 영업사원 처우 문제라는 다분히 논쟁적인 주제를 놓고 토론이 벌어졌다. 영업사원 협회장이 발표를 하러 나왔다. 그가 연단에 오르자 거의 모든 남성 관리자와 여성 관리자 25퍼센트 정도가 방어적으로 팔짱을 끼고 다리 꼬았다. 연사가 앞으로 할 이야기에 대해 위협을 느끼고 있다는 신호였다.

연사는 관리체계의 허술함과 그로 인한 인력 관리의 문제점 등에 대해 분노를 성토했다. 연설이 이어지는 동안 영업사원들은 대부분 앞으로 몸을 기울이거나 평가하는 몸짓을 취하면서 관심을 보였지만, 관리자들은 계속 방어적인 자세를 유지했다.

이어서 연사는 자신이 생각하는 바람직한 관리자의 역할에 대해 이야기했다. 그러나 남성 관리자들의 자세가 마치 지휘자의 명령을 받은 오케스트라 단원들처럼 일제히 '4자 모양 걸치기 자세'로 바뀌었다. 연사의 의견에 반대한다는 속마음이 드러난 것이다. 실제로 회의가 끝난 후 확인해 본 결과 우리의 예상이 맞았다.

관리자들 중에는 자세를 바꾸지 않은 사람들도 있었다. 물론 이들도 연사의 의견에 동의하지는 않았지만, 너무 뚱뚱하거나 다리에 관절염 같은 문제가 있는 등 신체적 문제 때문에 4자 모양 다리 걸치기를 할 수 없었던 것이다.

만약 팔짱을 끼거나, 다리를 꼬거나, 4자 모양 다리 걸치기를 취하고 있는 사람을 설득해야 한다면, 일단 상대방의 팔다리부터 풀어놓아야 한다. 보여줄 자료가 있다면 상대를 옆으로 불러 앉히거나 물건을 들고 있도록 하여 몸을 앞으로 숙이게끔 만들어야 한다. 뜨거운 커피나 차를 대접하는 것도 좋은 방법이다. 혹시 흘릴까 두려워 함부로 팔다리를 꼬기 어렵기 때문이다.

발목 포개기

남자가 발목을 포갤 때는 양손으로 의자 팔걸이를 붙잡거나 두 주먹을 무릎에 올린 채 사타구니를 과시하는 경우가 많다. 여성들은 무릎을 붙이고 양발을 한쪽으로 비스듬히 모아 손은 허벅지 위에 나란히 올려놓는다.

30년 넘게 몸짓 언어를 연구해 온 우리는 양쪽 발목을 포개는 것이 마음속으로 부정적 감정이나 불확실성, 공포 등을 억제하고 있는 상태라는 것을 알게 되었다. 발을 의자 아래로 감추는 것은 내향적인 태도를 나타낸다. 반면에 대화에 참여하려는 적극적인 사람은 발도 앞으로 내밀고 있다.

조사해 보니 법정 밖에서 차례를 기다리는 피고는 원고보다 단단히 발목을 포개고 발을 의자 아래로 밀어 넣고 있는 경우가 많았다. 불안한 감정을 통제하려고 노력하는 것이다. 치과 환자 319명을 대

발목을 교차할 때 여자는 다리를 딱 붙이고, 남자는 쫙 벌리는 경향이 있다.

상으로 한 연구에서도 88퍼센트가 치료를 받기 위해 의자에 앉자마자 양쪽 발목을 포갰다. 단순 진찰만 받는 환자들의 69퍼센트가 발목을 포갠 것에 비해, 치과의사가 주사를 놓으려 할 때는 무려 98퍼센트가 발목을 포개는 자세를 취했다.

경찰이나 세관원, 세무직원 같은 법집행관이나 공무원들을 대상으로 한 연구에서 취조를 받는 사람들 대부분이 발목을 교차했다. 이것은 실제로 죄를 지었다기보다는 막연한 두려움 때문이다.

니렌버그와 카렐로는 협상 도중 발목을 포갤 때는 그가 중요한 부분을 양보하지 않고 있다는 의미일 가능성이 높다고 주장했다. 그럴 경우에는 적당한 질문을 던지면서 상대가 발목을 풀도록 만들고 타협안을 제시하여 양보를 이끌어내야 한다.

상대의 감정에 대해 적극적으로 질문을 던지면 포갰던 발목을 풀도록 유도할 수 있다.

'발목 포개기' 연구 초기에 우리는 지원자가 질문을 받으면 마음이 안정돼 발목을 풀 확률이 상당히 높다는 사실을 발견했다. 또 면접관이 장벽처럼 가로막힌 책상을 돌아 지원자 옆에 다가가면, 지원자가 마음을 놓으며 더욱 편안하고 개방적인 대화도 가능하다는 사실도 알게 되었다.

우리는 기업에서 전화상담 방식을 교육하던 중, 고객 채권 추심이라는 골치 아픈 업무를 담당하는 남자 직원을 만났다. 우리는 그가 고객과 통화하는 모습을 지켜보았다. 그는 편안한 말투로 상담을 했지만 의자 밑에서 계속 발목을 포개고 있었다. 반면에 우리와 대화를 나눌 때는 발목을 풀었다.

우리가 "이 일이 즐거우세요?"라고 묻자, 남자는 "그럼요! 아주 재미있습니다."라고 확신에 찬 얼굴로 답했다. 그러나 남자의 말은 그가 보여준 몸짓과 일치하지 않았다. "정말이십니까?" 우리는 다시 물었다. 남자는 잠시 뜸을 들이더니 발목을 풀고 손바닥을 내보이며 "사실은 미쳐버릴 거 같아요!"라고 털어놓았다. 그는 무례하고 공격적인 고객들에게 화를 내지 않으려고 매일 감정을 억누르고 있었다. 전화상담 장면을 촬영해 본 결과 전화 상담원들 중 고객과의 통화를 별로 좋아하지 않는 사람들이 발목을 포개고 앉아 있는 경우가 많았다.

미니스커트 증후군

미니스커트를 입은 여성은 당연히 다리와 발목을 꼬게 된다. 그런데 이것이 습관이 되면 나이가 들어 미니스커트를 입지 않을 때도 같은 자세를 취하게 된다. 그러면 본인도 위축된 느낌이 들고 상대에게 무의식적으로 부정적인 감정을 전하여 조심스러운 사람이라는 느낌을 줄 가능성이 높다.

미니스커트는 편하게 접근하기 어려운 사람이라는 인상을 주기 쉽다.

발목을 포개고 앉는 것을 단지 편안하기 때문이라고 주장하는 사람도 있을 것이다. 만약 당신도 이런 부류라면 자신이 방어적, 부정적 혹은 소극적 태도를 취하고 있기 때문에 발목 포개기가 편하게 느껴진다는 사실을 기억하기 바란다.

부정적인 자세는 부정적인 태도를 불러일으키고 다른 사람들에게 당신이 불안하고 방어적인 사람으로 각인된다. 긍정적이고 개방적인 자세를 몸에 익히는 연습을 하라. 자신감도 상승하고 다른 사람들도 당신을 보다 밝고 긍정적인 사람으로 인식할 것이다.

다리 휘감기

거의 여성의 전유물이라 할 수 있는 몸짓이다. 한쪽 발등으로 반대쪽 다리를 휘감는 것으로, 그냥 다리를 꼬는 동작보다 더 불안해 보

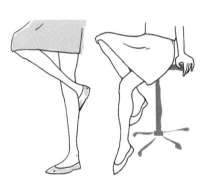

다리 휘감기는 소심하고 수줍음을 타는 사람들의 전용 자세다.

남성들은 여성이 다리를 꼬아 나란히 뻗고 앉은 자세를 선호한다.

인다. 상체가 얼마나 편안한 자세를 취하고 있든 속마음은 마치 껍질 속으로 숨은 거북이와 같은 상태다. 이렇게 꽉 닫힌 마음을 열고 싶다면 따뜻하고 다정한 태도로 접근해야 한다.

나란히 다리 뻗기

이것은 여성 특유의 골반 및 다리 골격 덕분에 가능한 자세다. 대부분의 남성들은 흉내내기가 불가능하다. 우리가 실시한 조사에서 남성 86퍼센트가 여성이 앉은 자세 중 이 자세를 가장 매력적이라고 꼽았다.

한쪽 다리를 반대쪽 다리 위에 올리고 누르면 다리가 더 젊고 건강해 보인다. 따라서 남자들에게 더 매력적으로 보인다. 예절 교실이나 모델 학원 등에서 여성들에게 꼭 가르치는 자세이기도 하다. 그러나 여자가 마음에 드는 남자 앞에서 다리를 꼬았다 풀었다를 반복하는 동작과 혼동해서는 안 된다. 이 자세는 단지 자신의 다리에만 관심을 끌려는 시도일 뿐이다.

한 발을 앞으로, 한 발을 뒤로

사람들은 상대방 혹은 대화 자체에 흥미를 느끼면 상대와의 거리를 좁히기 위해 한 발 앞으로 다가간다. 반대로 관심이 없거나 대화에

남자는 여자에게 강한 관심을 표시하고 있지만, 여자는 별로 관심이 없다.

참여하고 싶지 않을 때는 한 발 뒤로 물러서는데, 앉아 있을 경우에는 양발을 의자 아래로 감춘다.

왼쪽 그림에서 남자는 실제보다 몸을 더 크게 보이도록 한 발을 앞으로 내밀고 두 다리를 벌리고 있다. 손을 이용해 사타구니를 과시하는 동시에 양팔을 옆으로 벌려 더 넓은 공간을 차지하고 있다. 이것은 앞에 서 있는 여자에게 관심을 표시하는, 남성의 전형적인 구애 몸짓이다.

반면 여자는 고개만 돌려 남성을 바라볼 뿐 다리를 붙이고 팔짱을 껴서 최소한의 공간만 차지하려 한다. 이것은 접근 금지의 몸짓이다. 즉 지금 남자는 시간 낭비를 하고 있을 가능성이 크다.

10장

일상의 몸짓

사소하지만 결정적인
속마음의 단서

말도 행동이고 행동도 말의 일종이다.

— 에머슨

두 사람이 포옹을 마무리하면서 상대의 등을 두드리는 행동을 본다면 흔히 애정 표현이라고 생각하기 쉽다. 그러나 사실 등을 두드리는 것은 이제 그만 포옹을 끝내자는 의미다. 프로 레슬러들이 클린치를 풀 때처럼 그만 풀어달라는 행동이다. 만약 마음에 들지 않는 사람과 어쩔 수 없이 포옹을 해야 하는 경우라면, 끌어안기도 전에 허공에 대고 등 두드리는 흉내를 낼 것이다.

이번 장에서는 일상에서 타인을 상대할 때 흔히 볼 수 있는 몸짓 조합에 대해 알아볼 것이다.

고개 끄덕이기

대부분의 문화권에서 고개를 끄덕이는 것은 '예'나 동의를 의미한다. 이 몸짓은 절하는 자세의 축소형이라 할 수 있다. 절은 복종적인 몸짓이기 때문에 고개를 끄덕이는 동작도 상대의 의견에 따르겠다는 의미를 전달한다. 시각 및 청각, 언어 장애가 있는 사람들도 긍정의 의미로 고개를 끄덕이는 것으로 보아, 이것은 선천적인 몸짓으로 생각된다.

인도에서는 긍정의 의미를 전할 때 고개를 옆으로 흔든다. 고개를 젓는 몸짓을 '그럴 수도, 아닐 수도 있다.'라는 신호로 사용하는 서구인들이 인도에 가면 혼란을 느낄 수도 있다. 또 일본인들에게 고개를 끄덕이는 행동이 반드시 '예, 동의합니다.'가 아닐 수도 있다. '당신의 말을 듣고 있습니다.'라는 의미로도 사용되기 때문이다.

고개를 끄덕이는 동작은 복종을 의미하는 절하기에서 유래했다.

아랍 국가들에서는 '아니오'라는 의미로 머리를 위로 한 번 들어올리고 불가리아에서는 많은 나라에서 '아니오'를 의미하는 고개를 젓는 몸짓이 '예'라는 의미로 사용된다.

고개를 끄덕이는 속도

고개를 끄덕이는 몸짓이 설득의 수단이 될 수 있다. 연구에 의하면 사람들은 대화 상대가 일정한 간격으로 3번씩 고개를 끄덕이면 평소보다 3~4배 말을 많이 하는 것으로 밝혀졌다.

고개를 끄덕이는 속도는 말을 듣는 사람의 인내심(혹은 인내심의 부족)을 의미한다. 고개를 천천히 끄덕이면 상대의 이야기에 흥미를 느낀다는 의미를 전달할 수 있다. 고개를 빨리 끄덕이면 '이제 충분히 들었으니 이야기를 끝내라.'라는 의미이거나, '이제 내가 말할 차례야.'라는 뜻이다.

동의를 얻으려면

긍정적인 생각을 하거나 누군가의 의견에 동의를 할 때는 자연스럽게 고개를 끄덕이게 된다. 반대로 일부러 고개를 끄덕이다 보면 긍정적인 감정이 올라온다. 다시 말해 긍정적인 생각이 고개를 끄덕이게 만들고, 반대로 고개를 끄덕이면 긍정적인 생각이 든다. 이것이 '원인과 결과의 법칙'이다.

고개 끄덕이기는 전염성이 강하다. 상대방이 나를 향해 고개를 끄덕이면 나 역시 상대방의 말에 꼭 동의하지 않더라도 대개는 고개를 같이 끄덕이게 된다. 그래서 고개 끄덕이기는 신뢰를 구축하고 동의와 협조를 이끌어낼 수 있는 훌륭한 수단이다.

협상이나 설득을 할 때 상대에게 '그렇게 생각하시죠?' '동의하시죠?' '제 말이 맞지요?' 같은 질문을 덧붙이면서 고개를 끄덕여 보자. 듣는 사람 역시 긍정적으로 반응하게 되어 당신의 의견이나 아이디어에 동의할 확률이 높아진다.

고개를 끄덕이는 몸짓은 협조와 동의를 이끌어낸다.

당신이 상대에게 질문을 던진 다음, 상대가 대답을 하는 동안에도 계속 고개를 끄덕여라. 그리고 상대가 답변을 마치면 1초에 한 번 정도의 속도로 다시 고개를 5번 끄덕여라. 보통 당신이 4번 정도 고개를 끄덕일 때쯤 상대가 다시 말을 시작하면서 더 많은 정보를 제공할 것이다.

고개를 끄덕이면서 손을 턱에 대고 평가하는 자세를 취하고 있으면, 당신이 굳이 말을 하지 않아도 될 뿐만 아니라 상대에게 억지로 이야기를 재촉하는 듯한 인상을 줄 염려도 없다. 상대의 이야기를 들을 때는 손을 턱에 대고 가볍게 쓰다듬는 것도 좋은 방법 중 하나다. 앞에서 언급했듯이 이런 몸짓은 상대로 하여금 말을 계속 이끌어내는 효과가 있다.

선천적인 몸짓, 고개 젓기

연구 결과에 의하면 보통 '아니오'를 의미하는 고개 젓기도 선천적인 몸짓일 가능성이 높다. 진화생물학자들은 고개 젓기가 인간이 태어나서 처음 배우는 몸짓이라고 주장한다. 그 근거로 갓난아기가 모유를 배불리 먹고 나면 고개를 내저어 엄마의 가슴을 거부하는 것을 내세운다. 마찬가지로 음식을 배불리 먹은 아이들에게 음식을 더 떠먹이려고 하면 고개를 저으며 피한다.

고개 젓기는 모유를 거부하는 동작에서 유래했다.

상대가 겉으로 동의한다고 말하면서 혹시 고개를 내젓고 있지 않은지 살펴보라. 상대가 "당신의 의견을 이해합니다.""괜찮은 제안인 것 같군요.""꼭 같이 일해 봅시다."와 같은 말을 하면서 고개를 젓고 있다면 진지하게 받아들이지 않는 것이 좋다. 말은 그럴 듯하게 해도 부정적인 의미의 몸짓을 보였기 때문이다. 마찬가지로 고개를 저으면서 "사랑해."라고 말하는 남자의 말을 믿을 여자는 없을 것이다.

고개를 이용한 기본 자세

1. 똑바로 들기

고개를 이용한 3가지 기본자세가 있다. 첫 번째 '똑바로 들기'는 상대의 말에 중립적인 태도를 가진 사람이 취하는 자세다. 머리를 가만히 든 채로 대화 중간에 마침표를 찍듯 살짝 끄덕일 수도 있다. 손을 턱에 대고 평가하는 몸짓을 함께 취하는 경우도 많다.

턱을 앞으로 내밀고 머리를 쳐드는 것은 우월감, 대담함, 자만심 등을 의미한다. 이런 사람들은 일부러 목을 쭉 빼고 눈높이를 높여 상대방을 내려다보려고 한다. 보통 남성 호르몬인 테스토스테론 수치가 높은 사람은 턱이 넓다. 그래서 턱을 내미는 동작은 힘과 공격성을 연상시킨다.

| 고개를 똑바로 드는 자세는 중립적인 태도를 가진 사람이 취하는 자세다. | 목을 살짝 기울이면 연약한 목이 드러나 더 왜소하고 복종적으로 보인다. | 고개를 숙이는 자세는 부정, 공격, 단절 등을 의미하므로 주의해야 한다. |

2. 살짝 기울이기

고개를 살짝 옆으로 기울이면 연약한 목이 드러나고 몸집이 작아 보여 덜 위협적으로 느껴지기 때문에 복종의 신호로 작용한다. 이 자세는 부모의 어깨나 가슴에 머리를 기대어 쉬는 아기의 몸짓에서 유래했을 것으로 추측된다. 이 몸짓이 전달하는 비위협적이고 복종적인 의미를 대부분의 사람들(특히 여성들)이 본능적으로 잘 이해하고 있다.

찰스 다윈은 인간도 동물(특히 개)과 마찬가지로 무언가에 관심이 생기면 고개를 옆으로 기울인다는 사실을 발견했다. 여자는 마음에 드는 남자에게 관심을 표현할 때 이런 몸짓을 사용하는데, 대부분의 남자들이 비위협적이고 복종적인 태도를 가진 여자에게 매력을 감지한다는 것을 본능적으로 알기 때문이다.

지난 2천 년 동안 만들어진 미술 작품을 분석해 보면, 머리를 살짝 기울인 여자 모델이 남자보다 3배나 많았다. 광고에서도 머리를 기울인 여자 모델이 남자보다 3배 정도 많다. 대부분의 사람들이 목을 드러내는 몸짓이 복종을 의미한다는 사실을 직관적으로 이해하

고개를 기울여 연약한 목을 드러내는 몸짓이 무엇을
의미하는지 대부분의 사람들이 이해하고 있다.

고 있다는 의미다. 하지만 업무와 관련된 협상을 할 때는 항상 머리
를 똑바로 세워야 한다.

발표나 연설을 할 때는 이런 몸짓을 보이는 청중이 있는지 찾아
보는 습관을 길러라. 청중들이 고개를 살짝 기울인 채 손을 턱에 대
고 평가하는 몸짓을 취한다면 당신의 의견이 성공적으로 전달되고
있다는 뜻이다. 그리고 당신이 다른 사람의 말을 들을 때 고개를 살
짝 기울이고 가끔씩 끄덕이면 상대방은 당신이 위협적인 존재가 아
니라고 생각하고 신뢰할 것이다.

3. 고개 숙이기

턱을 당기고 고개를 숙이는 자세는 부정적이고 공격적이며 남을 비
판하는 마음이 있다는 신호다. 비판적인 몸짓 조합에는 대부분 고개
숙이기가 포함되어 있다. 따라서 상대가 고개를 들거나 살짝 기울이
기 전까지 안심해선 안 된다.

발표와 강연을 전문적으로 하는 사람들도 청중들이 고개를 숙이고 팔짱을 끼고 있는 모습에 당황할 때가 있다. 그럴 경우 경험이 풍부한 연사들은 발표를 시작하기 전에 청중의 관심을 끌고 참여를 유도하기 위한 시도를 한다. 그 시도가 성공을 거둔다면 청중들은 고개를 살짝 기울이며 몰입할 것이다.

영국에는 '고개 비틀기'라고 불리는 독특한 인사법이 있다. 고개를 한쪽으로 살짝 비틀면서 머리를 숙이는 것이다. 이것은 남자들이 모자를 벗으며 인사를 하던 중세의 풍습에서 유래한 것으로, 모자를 만지며 머리를 살짝 숙이는 인사법으로 변했다. 그러다가 현대로 오면서 고개를 비트는 인사법과 거수 경례, 간단히 머리에 살짝 손만 대는 몸짓 등으로 진화했다.

목 움츠리기

어깨를 들어올리면서 목을 그 사이로 파묻듯 내리면 연약한 목 부위를 보호할 수 있다. 사람들은 갑작스런 큰 소리에 놀라거나 무언가 머리 위로 떨어진다는 생각이 들 때 이런 몸짓 조합을 보인다. 그러나 사적인 자리나 업무적 상황에서 이런 몸짓을 취하면 굴복과 사죄의 의미를 전달하여 자신감이 없어 보인다.

사람들의 시선이 집중되는 무대나 연단 앞을 지날 때 혹은 이야기를 나누는 사람들 사이를 지나가야 할 때 고개를 숙이고 어깨를 움츠려 최대한 눈에 띄지 않으려고 노력한다. 부하가 상사에게 접근할 때도 이런 식으로 목을 움츠리는데, 상대적인 지위와 권력관계를 드러낸다고 할 수 있다.

보풀 뜯는 척하기

상대의 의견이나 태도가 마음에 들지 않지만 말로 표현하고 싶지 않을 때는 전혀 의도하지 않은 행동으로 나타날 수 있다. 얼핏 보면 별 의미가 없는 몸짓으로 보일 수도 있지만 실은 속마음을 드러내는 것이다. 보풀을 뜯는 척하는 동작이 바로 그 예다.

보풀을 찾기 위해서는 보통 상대방으로부터 시선을 돌려 고개를 숙여야 한다. 겉으로는 상대의 의견에 동의하는 것처럼 꾸미는 사람도 이런 식으로 반대나 불만의 신호를 보낼 수 있다.

상대가 이런 반응을 보일 때는 손바닥을 내보이면서 "어떻게 생

보풀을 뜯는 척하는 것은 속마음을 단단히 숨기고 있다는 뜻이다.

팔꿈치를 뾰족하게 세운 자세는 공격할 준비가 되어 있음을 의미한다.

각하세요?" 혹은 "이 문제에 대해 다른 의견이 있으신 것 같네요. 말씀해 주시겠습니까?"라고 물어보라. 편안히 등을 기대고 앉아 두 팔을 벌리고 손바닥을 내보이며 대답을 기다리자. 만약 상대가 계속 보풀을 뜯는 몸짓을 보인다면 보다 직접적인 방법을 써서 상대의 속마음을 알아내야 한다.

싸울 준비가 되어 있는 자세

싸움이나 구애를 위해 몸집을 커보이게 할 때 새는 날개를 넓게 펼친다. 물고기는 물을 빨아들이고 고양이나 개는 털을 바짝 세운다. 하지만 인간은 두렵거나 화가 날 때 몸집을 부풀릴 만큼의 털이 없다. 우리는 무서운 영화를 볼 때 '머리털이 쭈뼛 선다.' 누군가에게 홀딱 반했을 때 '소름이 돋는다.'라는 표현을 사용한다. 이런 현상은 털을 세워 몸집을 커보이게 만들려는 시도에서 유래한 표현이지 실제로 나타나는 현상은 아니다. 그래서 현대인들은 실제로 몸집을 더 커보이게 만들 수 있는 몸짓을 개발했다. 바로 '허리에 손 얹기'다.

허리에 손을 얹는 몸짓은 부모에게 대드는 어린아이, 시합을 준비하는 권투 선수, 자신의 영역을 침범한 다른 남자에게 비언어적 수단으로 도전하는 남자들이 주로 사용한다. 허리에 손을 얹는 것은 싸울 준비가 되어 있음을 보여준다. 이 자세를 취하면 더 넓은 공간을 차지할 수 있고 뾰족한 팔꿈치를 마치 무기처럼 이용해 다른 사람의 접근이나 통과를 막는 효과가 있다. 반쯤 들어 올린 팔은 언제든 공격할 준비가 되어 있다는 것을 보여주는데, 총싸움을 하기 전 카우보이들도 자주 이런 자세를 취한다.

한쪽 손만 허리에 얹고 있는 자세도 비슷한 뜻을 가지는데, 이때 손으로 공격 대상을 가리킨다면 그 의미가 더 분명해진다. 허리에 손을 얹는 몸짓은 전 세계 어디서나 통용되지만, 특히 필리핀과 말레이시아에서는 강렬한 분노 등의 의미를 전달한다.

이 자세는 언제든 행동을 취할 만반의 준비가 되어 있다는 의미로 '준비 자세'라고도 불린다. 자신의 목적을 위해 행동을 취할 준비가 되어 있는 목표지향적인 사람들이 주로 취한다고 하여 '성취 자세'라고도 한다. 남자들은 여자 앞에서 남성성를 과시할 때 이 자세를 사용한다. 허리에 손을 얹는 자세를 취한 상대에 대해 정확한 판단을 내리려면 전체적인 상황과 허리에 손을 얹기 직전에 보여준 다른 몸짓을 고려해야 한다.

패션 모델들도 현대적이고 진보적이고 자신감 넘치는 여성이라

허리에 손을 얹어 옷을 돋보이게 하는 모델 자세

손가락으로 사타구니를 과시하는 카우보이 자세

는 인상을 주기 위해 이런 자세를 자주 사용한다. 경우에 따라 한 손만 허리에 얹고 나머지 손으로 다른 동작을 할 수도 있다.

여성들은 남자의 관심을 끌고 싶을 때 허리에 손을 얹는 몸짓과 동시에 골반을 살짝 틀어 허리와 엉덩이의 비율을 강조하기도 한다. 남녀 모두 구애 과정에서 이성의 관심을 끌기 위해 이 자세를 자주 활용한다.

카우보이 자세

엄지를 허리띠나 바지 주머니에 걸친 채 나머지 손가락을 사타구니 근처에 놓는 자세로, 주로 성적인 공격성을 강조하는 남성들이 사용한다. 남성미를 과시하는 서부 영화 속 카우보이들이 자주 보여주는 자세라고 하면 이해가 빠를 것이다.

영역 표시를 하거나 자신의 용맹함을 과시하고 싶은 남자들이 이 몸짓을 사용하는데, 유인원들도 비슷한 몸짓을 한다. 이 몸짓은 '나는 남자답다.' '나는 너를 지배할 수 있다.'라는 의미를 전달하기 때문에 싸우거나 공격할 기회를 노리는 남성(수컷)들이 주로 취한다.

남자가 이 자세를 취하면서 동공은 확대되고 한 발을 여자 쪽으로 내민 채 말을 건다면 여자들은 대부분 어렵지 않게 그 속마음을 간파한다. 어떤 남자든 속내를 들킬 수밖에 없다. 무슨 생각을 하는지 너무 노골적으로 드러나기 때문이다.

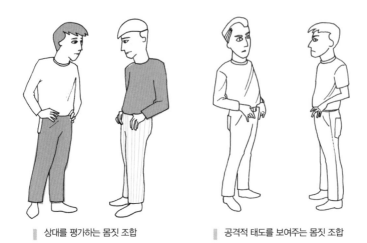

▌상대를 평가하는 몸짓 조합　　　　▌공격적 태도를 보여주는 몸짓 조합

신경전을 벌이는 자세

위에 나오는 그림들은 양손을 허리에 얹은 남자와 엄지를 허리띠에 넣은 남자가 서로를 평가하고 있는 모습을 묘사한 것이다. 몸은 정면을 향하지 않고 살짝 방향을 틀어 비스듬히 서 있으며 하반신은 편안하게 힘을 뺀 것으로 볼 때, 무의식적으로 상대를 평가하고 있지만 정면충돌로 이어질 가능성은 높지 않다.

두 사람이 격식 없고 우호적인 대화를 나눌지 몰라도 허리에 얹은 손을 내리고 고개를 살짝 기울이거나 개방적인 몸짓이 나타나기 전까지는 긴장된 분위기가 이어질 것이다.

만약 이 두 남자가 다리를 벌린 채 서로를 똑바로 노려본다면 싸움이 벌어질 가능성이 있다.

다리 벌리기

남성들의 전유물이라 할 수 있는 자세다. 원숭이는 위험을 무릅쓰고 싸움을 하는 대신 다리를 벌리고 서서 가장 우람한 몸집을 과시하는 수컷이 권력을 쥔다. 인간도 마찬가지다. 남자들은 보통 무의식적으로 이런 자세를 취하지만 전달하는 메시지는 매우 강력하다.

여러 사람이 모인 자리에서 한 남자가 먼저 다리를 벌리면 다른 남자들도 이에 질세라 흉내를 낸다. 그러나 업무적 관계에 있는 여자 앞에서 다리를 벌리면 매우 부정적인 감정을 불러일으킬 수 있다.

업무 상황에서 다리를 벌리는 남성을 보면 여성은 위협을 느낀다.

회의 장면을 촬영해 보면 남성 참석자가 다리를 벌릴 경우, 많은 여성 참석자들이 팔짱을 끼고 다리를 꼬면서 방어적인 태도를 보인다. 따라서 비즈니스 현장에서 남자들은 되도록 다리를 붙이고 앉는 것이 좋다.

만약 당신이 여성인데 사타구니를 과시하는 남자를 만나게 된다면 아예 반응을 보이지 않는 것이 최선이다. 방어적인 반응을 보이면 오히려 불리할 수 있다. 차라리 상대의 사타구니를 보면서 "정말 대단하시네요." 혹은 "무슨 생각 하는지 알겠네요." 같은 농담으로 웃음을 유도하는 동시에 따끔한 충고를 하는 것이 좋다.

의자 팔걸이에 다리 걸치기

이 자세도 다리 벌리기처럼 남자들이 주로 취하는 자세라고 할 수 있다. 의자에 대한 소유권을 주장할 뿐 아니라 예의 없고 공격적인 태도를 드러낸다.

남자들끼리 이런 자세로 앉아 농담을 하며 웃고 떠드는 모습을 자주 볼 수 있다. 그러나 허물없는 사이가 아닐 때 이 자세를 취하면 어떤 결과를 불러일으킬까? 한 직원이 개인적인 문제를 상담하기 위해 상사를 찾아갔다. 직원은 몸을 앞으로 기울이고 앉아 두 손은 무릎 위에 올린 채 고개를 숙이고 있다. 낙담한 표정인 직원은 나지막한 목소리로 사정을 설명했다. 그런데 가만히 앉아 이야기를 듣고 있던 상사가 의자에 몸을 기대며 한 다리를 의자 팔걸이에 걸쳤다. 상사의 태도가 '관심이 사라졌다.'로 바뀐 것이다. 다시 말해 상

예의도 없고 배려심도 없는 무심한 태도

의자 등받이를 방패로 삼은 공격적인 태도

사는 직원의 일에 신경 써야 할 필요성을 못 느끼고 '늘 똑같은 뻔한 소리, 괜히 시간만 낭비했네.'라고 생각할 수 있다.

상사는 왜 이토록 무관심한 것일까? 아마 직원의 문제를 들어보니 별로 심각한 문제가 아니라고 판단을 내렸을 것이다. 상사는 금방 해결될 테니 걱정하지 말라고 직원에게 위로의 말을 할 수도 있다. 하지만 의자 팔걸이에 다리를 걸치고 있는 한, 무관심한 태도는 바뀌지 않을 것이다. 직원이 사무실을 나가면 '아, 다행이다. 드디어 갔구나!' 하며 안도의 한숨을 내쉬고 팔걸이에서 다리를 내릴 것이다.

협상 도중 상대가 의자 팔걸이에 다리를 걸치면 더 이상의 진행이 곤란해질 것이다. 그런 자세를 고수하는 한 무관심하고 공격적인 태도가 지속될 것이므로 일단 상대가 자세를 바꾸도록 해야 한다. 가장 쉬운 방법은 무언가를 봐달라고 요청하여 몸을 숙이게끔 만들거나 바지 지퍼가 열렸다고 짓궂은 농담을 던지는 것이다.

의자에 거꾸로 앉기

수백 년 전 남자들은 적의 창과 몽둥이를 막기 위해 방패를 이용했다. 현대의 남자들은 신체적 혹은 언어적 공격을 받으면 이용할 수 있는 모든 것을 동원해 상징적으로 자신을 보호하는 몸짓을 한다. 예를 들면 문이나 울타리, 책상, 자동차의 열린 문짝 뒤에 몸을 숨기거나 다리를 벌리고 의자에 거꾸로 앉는 것이다.

의자에 거꾸로 앉으면 등받이가 신체를 보호하는 방패 역할을 해 주어 공격적이고 지배적인 태도를 취할 수 있다. 게다가 다리를 넓게 벌려야 하기 때문에 사타구니를 과시하면서 남성성을 뽐내는 효과를 더할 수 있다. 이런 자세를 자주 취하는 사람들은 대화에 흥미를 잃으면 금방 다른 사람을 통제하려는 지배적인 성향을 가지고 있다. 그들은 의자 등받이를 상대의 공격을 차단할 든든한 방어막으로 활용한다.

의자에 거꾸로 앉는 상대를 무장해제시키는 가장 쉬운 방법은 그의 뒤에 앉거나 서는 것이다. 그러면 상대는 뒤에서 공격당할지도 모른다는 불안감을 느끼고 자세를 바꾸게 된다. 이 방법은 특히 여러 사람이 모여 있을 때 효과적이다.

그런데 상대가 회전의자에 거꾸로 앉아 있다면 어떻게 해야 할까? 회전목마에 앉아 사타구니를 과시하는 어린아이 같은 사람을 논리적으로 설득하려는 노력은 소용없는 짓이다. 이런 경우에는 비언어적인 방법을 활용하는 것이 최선이다. 자리에서 일어서서 상대를 내려다보는 자세로 대화를 하면서 상대의 개인 공간으로 들어가라. 상대는 점차 불안을 느끼며 몸을 피하려다 뒤로 자빠질지도 모른다.

의자에 거꾸로 앉기를 즐기는 사람을 다시 만나게 되면 반드시 팔걸이가 있는 고정 의자를 준비하라. 그러면 상대는 양손으로 뒤통수를 받치는 자세를 취할 가능성이 높다.

양손으로 뒤통수 받치기

이것은 허리에 손을 얹는 자세가 변형된 것으로, 팔꿈치를 위협적으로 뾰족하게 세우고 손을 허리가 아니라 뒤통수에 댄다. 이 자세 역시 주로 남성들이 다른 사람을 위협할 때 취한다. 기습적으로 공격을 감행하기 직전에 상대가 마음을 놓도록 일부러 느긋한 척하는 자세로도 이용한다.

특히 회계사나 변호사, 영업사원 같은 전문직 종사자들이나 우월감, 지배력, 자신감을 과시하는 사람들의 전형적인 몸짓이다. 이런 자세를 취하는 사람들의 속마음을 읽을 수 있다면 아마 '나는 모든 답을 알아.' '너는 날 따라오려면 멀었어.' 같은 말이 들릴 것이다. 기업의 고위직 간부들이 이런 자세를 자주 취하는데, 원래 그렇지 않았던 직원들도 승진하면 갑자기 이 자세를 취하기 시작한다.

이 자세는 자신이 얼마나 똑똑한지 과시하고 싶은 사람들의 트레이드마크와도 같다. 특정 영역에 대해 소유권을 주장하는 사람 역시 이런 자세를 취하기도 한다.

'4자 모양 다리 걸치기'나 '사타구니 과시' 등의 몸짓과 함께 양손으로 뒤통수를 받치는 사람은 논쟁을 벌이거나 상대를 지배하려는 시도를 할 가능성이 높다. 이런 몸짓에 대처하는 방법은 상황에 따라 다르다. 손바닥을 위로 향한 채 몸을 앞으로 기울이며 "이 문제에 대해 많이 알고 계신 것 같군요. 조언을 부탁드려도 될까요?"라고 물은 다음 뒤로 물러서서 대답을 기다리는 것도 유용한 방법이다.

이 원숭이는 냉정하고 자신만만하며 남들보다 바나나를 더 많이 갖고 있다고 자랑한다.

상사 앞에서 이 자세를 취하려면 대단한 각오가 필요하다.

업무 회의에서 남자가 양손으로 뒷통수를 받치는 자세를 하면 여자들은 금방 불쾌감을 느낀다.

또는 상대의 손이 닿지 않는 곳으로 뭔가를 내밀며 "이것 좀 보시겠어요?"라고 물어 상대가 몸을 숙이도록 유도할 수도 있다. 당신이 남자라면 상대방의 몸짓을 그대로 따라하는 것도 간단한 대처 방법이다. 상대를 흉내내면 동등한 지위를 확보할 수 있기 때문이다. 하지만 이것은 여성에게 권할 만한 방법이 아니다. 여성의 경우, 이런 자세를 취하느라 가슴이 드러나게 되면 오히려 불리해지기 때문이다.

당신이 여자인데 상대 남성이 이런 자세를 취한다면 차라리 일어서서 대화를 진행하라. 그러면 상대 남성이 대화를 이어가기 위해 자세를 바꿀 수밖에 없을 것이다. 상대가 자세를 바꾸면 다시 자리에 앉아라. 상대가 또 양손으로 뒤통수를 받치면 다시 일어서라. 이런 식으로 대응하면 상대의 위협적인 행동을 유연한 태도로 방어할 수 있다.

상사가 양손으로 뒷통수를 받친 채 당신을 질책할 때 당신이 그 자세를 흉내낸다면 상사는 위협을 느낄 것이다. 동등한 지위의 두 사람이 함께 이 자세를 취하는 것은 서로에게 동의한다는 것을 나타낼 수 있지만, 교장실에 불려간 말썽꾸러기 학생이 그런 짓을 했다가는 불호령을 피할 수 없을 것이다.

수용의 자세

당신이 협상가라면 상대가 제안을 받아들일 마음가짐이 되었는지 아닌지를 꼭 파악해야 한다. 예를 들어 회의가 순조롭게 진행되다가 마

행동할 준비가 되었음을 보여
주는 전형적인 자세

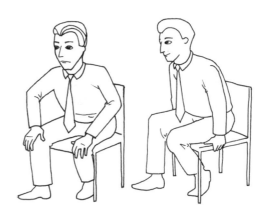

만남이나 대화를 끝낼 준비가 되어 있는 자세

지막 순간 상대가 '수용의 자세'를 취하면 합의가 이루어질 확률이 높다.

잠재 고객들과 상담하는 영업사원들의 모습을 촬영하여 분석해 본 결과, 고객이 수용의 자세로 앉아 있으면서 손으로 턱을 만지는 (결정을 하는 자세) 몸짓을 하는 고객은 절반 이상이 영업사원의 제안을 수락했다. 반대로 상담을 마무리할 때 고객이 턱을 만지고 나서 팔짱을 낀 경우는 대부분 거래가 성사되지 않았다.

이 자세는 잔뜩 화가 나서 상대를 내쫓거나 물건을 던지려는 사람에게서도 찾아볼 수 있다. 따라서 몸짓이 이루어지는 상황이나 선행 몸짓을 파악해야 상대의 진짜 속마음을 읽을 수 있다.

마무리하는 자세

만남을 끝내고 싶은 사람은 양손을 무릎에 짚고 몸을 앞으로 기울이는 자세, 혹은 달리기를 시작하려는 듯 양손으로 의자를 움켜쥐고 몸을 앞으로 기울이는 자세 등을 취한다. 만약 대화 도중 상대가 이런 출발 자세를 취한다면 주도권을 잡고 대화의 방향을 바꾸거나 아예 대화 자체를 중단하는 것이 낫다.

11장

흉내내기

신뢰와 친근감의 표현

확신을 가져라. 아니 확신에 차 있는 것처럼 행동하라.
그럼 진짜 확신이 생길 것이다.

— 반 고흐

우리는 낯선 사람을 만나면 상대가 나에게 우호적인지 적대적인지를 먼저 살핀다. 동물들도 생존을 위해 대부분 비슷한 행동을 한다. 우리는 상대와의 감정적 거리감을 파악하기 위해 상대가 나의 행동이나 몸짓을 따라하는지, 즉 '미러링mirroring'을 하는지 주시한다. 사람은 유대 관계를 맺고 신뢰를 형성하기 위한 방법으로 서로의 몸짓을 거울처럼 흉내낸다. 하지만 스스로가 그런 행동을 한다는 사실을 거의 의식하지 못한다.

흉내내기의 가장 대표적인 예는 '하품'이다. 한 사람이 하품을 시작하면 주변 사람이 따라서 하품하기 시작한다. 로버트 프로빈에 따르면 하품은 전염성이 강하여 그저 다른 사람이 입을 크게 벌린 모습만 봐도 하품을 하게 된다고 한다. 예전에는 하품이 체내에 산소를 공급하기 위한 행동이라고 알려졌었지만, 지금은 타인과 신뢰를 구축하고 공격을 피하기 위해서라는 것이 기정사실화되었다.

파티장에서 같은 옷을 입은 두 여자는 절대 친해질 수 없다. 하지만 같은 옷을 입고 등장한 두 남자는 평생지기가 될 수 있다.

흉내내기는 언어가 아니라 몸짓으로 '날 보세요. 당신과 똑같잖아요. 당신과 같은 느낌, 같은 태도를 갖고 있어요.'라고 말하는 것이다. 그래서 록 콘서트에 가면 관중들이 모두 함께 펄쩍펄쩍 뛰고 동시에 박수를 치거나 파도타기를 하는 것이다. 관중들은 같은 행동을 하면서 안정감을 느낀다. 마찬가지로 성난 군중들은 서로의 공격적인 행동을 흉내낸다. 그래서 평소에 얌전하던 사람도 과격한 시위대에 섞이면 이성을 잃게 되는 것이다.

줄서기 역시 타인을 따라하고 싶은 욕구에서 시작한다. 그래서 사람들은 이전에 본 적도 없고 앞으로 다시 볼 일도 없는 사람들과 협동하여 버스 정류소나 미술관 매표소, 은행, 심지어 전쟁터에서까지 줄서기의 불문율을 준수한다.

미시건대학교의 조셉 하인리히는 타인을 흉내내고자 하는 욕구가 선천적이라는 사실을 발견했다. 그는 조직 구성권이 협조를 하면 더 많은 식량을 확보할 수 있고 안전을 보장받을 수 있으며 공동체 전체의 경제 성장도 이룩할 수 있다는 인식이 뇌에 각인되어 있다고 말했다. 이런 이유로 영국이나 독일, 고대 로마처럼 흉내내기를 통해 규율을 유지해 온 국가들이 오랜 세월 동안 세계를 지배할 수 있었다고도 주장했다.

흉내내기는 상대를 편안하게 만들어주며 강력한 신뢰 구축의 수단이다. 사람들이 대화를 하거나 식사하는 장면을 촬영해 분석해 보

면 눈 깜빡이기, 콧구멍 벌름거리기, 눈썹 치켜세우기, 동공 확대 등
의식적으로 모방이 불가능한 미세한 몸짓까지 서로 따라한다는 것
을 알 수 있다.

우리는 흉내내도록 태어났다

흉내내기에 관한 연구에 의하면, 비슷한 감정을 공유하거나 신뢰감
을 느낄 때 서로의 몸짓과 표정을 따라하는 것을 알 수 있다. 타인과
유대감을 형성하기 위해 같은 행동을 하는 것은 일찍이 어머니의
자궁에서부터 시작된다. 태아는 신체 기능과 심장 박동을 산모의 리
듬과 일치시키는데, 이를 보면 흉내내기는 선천적인 행동인 것이 분
명하다.

연애 초기 단계의 남녀는 마치 한 몸인 것처럼 똑같이 혹은 조화
를 이루어 행동한다. 예를 들어 여자가 음식을 입에 가득 집어넣으
면 남자는 자신의 입가를 닦는다. 남자가 말을 시작하면 여자가 대
신 끝맺는다. 여자가 월경전증후군을 앓으면 남자는 초콜릿을 많이
먹기 시작하고 여자가 속이 거북하면 남자가 방귀를 낀다.

사람들이 당신과 상대를 향해 "분위기가 비슷해." 혹은 "서로 잘
어울려."라고 말한다면 본인들은 모르지만 서로의 몸짓을 따라하고
있는 것이다. 예를 들어 식당에 가면 혼자 튈까 두려워서 다른 사람
들과 똑같은 음식이나 음료를 주문할 때가 있다. 그럴 때 먼저 "너
는 뭐 먹을 거야?"라고 서로 의견을 묻는다. 상대가 정한 메뉴를 따

상대의 몸짓과 외모를 흉내내면 동등한 지위를 유지할 수 있다.

라하려고 미리 살피는 것이다. 식당이나 카페에서 데이트를 할 때 음악이 놀라운 효과를 발휘한다. 남녀가 음악에 따라 서로의 행동에 박자를 맞추어 쉽게 따라할 수 있기 때문이다.

심장도 흉내를 낸다

미국의 심장 전문의 멤헤트 오즈 박사는 놀라운 사실을 발견했다. 다른 신체 기관들처럼 심장 세포에도 기억 능력이 있어서 심장을 이식받은 환자가 심장 공여자의 경험과 감정을 똑같이 느낀 케이스가 있었던 것이다. 더욱 놀라운 것은 한 번도 만난 적이 없는 심장 공여자와 동일한 몸짓과 자세를 취하는 환자들도 있었다는 사실이다. 오즈는 심장 세포가 공여자의 몸짓을 취하도록 환자의 뇌에 지시를 내리는 것으로 보인다고 결론을 내렸다.

반대로 자폐증 환자는 타인의 행동을 흉내내거나 민감하게 반응할 능력이 부족하다. 그래서 상대와 양방향 의사소통이 힘들다. 술에 취한 사람도 몸짓과 말이 부조화를 이루어 흉내내기가 불가능하다.

남녀의 흉내내기

맨체스터대학교의 제프리 비티는 남자가 다른 남자를 따라할 확률보다 여자가 본능적으로 다른 여자를 흉내낼 확률이 4배 정도 높다는 사실을 발견했다. 또 여자는 남자의 보디랭귀지를 흉내내기도 하는 반면, 남자는 연인 관계일 경우를 제외하고는 여자의 몸짓이나 자세를 따라하지 않으려는 것으로 나타났다.

여자들은 집단의 의견에 동의하지 않는 사람이 누구인지 "척 보면 안다."라고 말하는데 이것은 사실이다. 상대가 다른 생각을 하는지, 화가 났는지, 거짓말을 하는지, 마음에 상처를 입었는지 등을 간파하는 여자의 능력에 남자들은 항상 놀라움을 금하지 못한다. 남자의 뇌는 다른 사람의 보디랭귀지를 섬세하게 읽어낼 능력이 부족하다. 사람들이 흉내내기를 하는지, 누가 혼자 튀는 행동을 하는지 잘 의식하지 못한다.

얼굴 표정과 보디랭귀지를 이용해 감정을 표현할 때는 남녀 간 차이가 있다. 여자는 이야기를 들을 때 10초에 평균 6가지의 얼굴 표정을 사용하면서 상대의 감정을 읽고 반응한다. 여자의 얼굴은 말하는 사람의 감정을 거울처럼 흉내낸다. 여자 둘이서 대화하는 모습을 지켜보면 마치 한 사건을 같이 겪은 것처럼 표정이 일치하기도 한다.

여자는 상대의 말투와 몸짓에서 이야기의 속뜻과 상대의 감정 상태를 읽어낸다. 남자가 여자와 원활한 의사소통을 하고 싶다면 이런 기술을 익혀야 한다. 대부분의 남자들은 이야기를 들을 때 얼굴 표정을 다양하게 바꾸며 반응하는 것에 서툴다. 하지만 노력한다면 엄청난 보상을 받을 수 있다.

'그렇게 했다가는 나를 여성스럽다고 생각할 거야.'라고 생각하는 남자도 있을 것이다. 그러나 연구에 의하면 여자들은 말을 할 때 표정을 따라하는 남자에게 매력을 느꼈으며 다정하고 지적이라는 평가를 내렸다. 또 함께하는 시간을 흥미로워 했다.

남자는 여자가 지을 수 있는 표정의 3분의 1도 짓지 못한다. 남자는 특히 공공장소에서 무표정을 유지한다. 이것은 외부의 위협을 방어하기 위해 감정을 표출하지 않도록 진화했기 때문이다. 그래서 다른 사람에게 이야기를 들을 때 조각상처럼 딱딱한 얼굴인 것이다.

그렇다고 남자가 감정을 느끼지 못하는 것은 아니다. 뇌 촬영을 해보면 남자도 여자와 비슷하게 감정을 느끼지만 겉으로 드러내지 않을 뿐이라는 것을 알 수 있다.

부부가 닮는 이유

두 사람이 오랜 세월 함께 살면서 좋은 관계를 맺다 보면 서로 닮는 경우가 많다. 서로의 표정을 따라하다 보니 시간이 흐르면서 같은 얼굴 근육이 발달하고 비슷한 부위에 주름이 생기는 것이다. 얼굴이

베컴 부부는 전혀 닮지 않았지만 웃는 얼굴은 닮아 보인다.

전혀 닮지 않은 부부라고 해도 비슷한 미소를 짓기 때문에 사진을 찍으면 닮아 보인다.

2000년에 시애틀의 워싱턴대학교 심리학자 존 고트만 박사와 동료 연구진은 배우자의 행복한 표정을 흉내내지 않거나 경멸의 표정을 짓는 부부의 결혼 생활이 실패로 끝날 확률이 높다는 사실을 발견했다. 부정적인 표정은 본인도 모르는 사이에 배우자에게도 부정적인 영향을 미친다.

같은 생각, 같은 몸짓

흉내내기는 상대의 생각과 의견에 동의한다는 의사를 전달하는 몸짓이다. 가장 지위가 높은 사람이 어떤 동작을 취하면 보통 서열에 따라 그 행동을 따라한다.

오른쪽 그림처럼 두 남자가 같은 자세로 술집에 서 있다고 가정해 보자. 서로의 행동을 흉내내고 있으므로 같은 생각과 느낌을 공유하고 있다고 볼 수

두 남자는 같은 생각을 하고 있다.

있다. 만약 한 남자가 평가하는 자세를 취하거나 발의 위치를 바꾸면 다른 사람도 자연스럽게 따라할 것이다. 한 사람이 주머니에 손을 넣으면 다른 사람도 주머니에 손을 넣을 것이다. 두 사람의 의견이 일치하는 한 흉내내기는 계속된다. 이처럼 흉내내기는 친구나 부부, 비슷한 지위에 위치한 사람들 사이에서 일어나기 쉽다.

목소리 보조 맞추기

흉내내기는 행동뿐만 아니라 말할 때 억양, 음조, 속도, 강세까지 포함한다. 이것은 '보조 맞추기'라는 현상으로 마치 두 사람이 한목소리로 노래를 부르는 듯 보인다. 강연을 하던 중 연사가 박자에 맞춰 손짓을 하면 청중도 그 박자에 맞춰 고개를 끄덕이는 모습을 본 적이 있을 것이다. 관계가 깊어져서 상대의 태도나 생각을 예상할 수 있는 정도가 되면 중요한 동작들을 흉내내는 빈도는 줄어든다. 대신 주로 상대와 목소리로 보조를 맞추면서 신뢰관계를 유지한다.

연구에 의하면 사람들은 상대가 자신보다 빠른 속도로 말을 하면 압박감을 느낀다. 말하는 속도는 뇌가 의식적으로 정보를 처리하는 속도를 반영한다. 따라서 신뢰관계를 쌓고 싶다면 상대보다 빠른 속도로 말하지 않도록 주의해야 한다. 상대와 비슷한 속도 혹은 약간 느린 속도로 말을 하고 상대의 억양과 어조를 흉내내라. 보조 맞추기는 목소리만으로 의사소통을 해야 하는 전화 통화를 할 때 특히 중요한 기술이다.

흉내내기로 원하는 것을 얻다

흉내내기는 보디랭귀지 학습에서 가장 중요한 부분이라고 할 수 있다. 흉내내기를 통해 상대와 의견이 같은지 다른지, 나를 좋아하는지 싫어하는지 알 수 있기 때문이다. 또 상대의 보디랭귀지를 흉내내는 것만으로도 상대에 대한 호감을 전달할 수 있다.

상사가 직원의 긴장을 풀어주고 신뢰를 구축하고 싶다면 직원의 자세를 따라하면 된다. 마찬가지로 눈치 빠른 직원은 상사가 의견을 제시할 때 상사의 몸짓을 흉내내어 동의의 뜻을 전달할 수 있다. 이처럼 흉내내기를 이용하여 상대에게 원하는 것을 얻을 수 있다.

하지만 상대의 보디랭귀지를 따라하기 전에 먼저 자신과 상대의 관계를 고려해야 한다. 예를 들어 부하직원이 급여 인상을 요구했다가 상사의 사무실에 불려갔다고 가정해 보자. 상사는 자리에 앉으라고 권하더니 양손으로 뒤통수를 받치고 4자 모양 다리 걸치기 자세를 취했다. 이때 부하직원이 상사의 자세를 흉내낸다면 어떻게 될까? 부하직원이 아무리 공손하게 의견을 제시해도 상사는 그가 자신의 권위에 도전했다고 느낄 것이다. 그리고 부하직원은 급여 인상은커녕 일자리 자체가 위험해질지 모른다.

남을 통제하려고 애쓰는 상대를 무장해제시키는 데 흉내내기만한 게 없다. 회계사, 변호사, 기업의 관리자들은 자신보다 열등한 위치에 있는 사람 앞에서 보디랭귀지를 이용해 우월감을 드러낸다. 그런 경우 그들의 보디랭귀지를 따라하면 상대가 당황하여 자세를 바꿀 수도 있다. 그러나 상사 앞에서는 절대 그러면 안 된다.

몸짓과 목소리를 흉내내면 상대의 마음을 얻을 수 있다.

상사는 자신의 행동을 따라하는 부하직원을 건방지다고 생각할 것이다.

누가 누구를 흉내낼까?

연구에 의하면 집단의 리더가 어떤 몸짓이나 자세를 취하면 아랫사람들은 보통 서열 순으로 흉내를 낸다. 리더는 문을 드나들 때도 일반적으로 제일 앞에 서고 소파나 회의 테이블에 앉을 때도 가운데보다 맨 끝자리를 선호하는 경향이 있다.

회의실에 임원진들이 들어설 때 가장 지위가 높은 사람이 제일 먼저 들어온다. 자리에 앉을 때도 사장은 출입문에서 가장 멀리 떨어진 상석에 앉는다. 사장이 양손으로 뒤통수를 받치는 자세를 취하면 임원들도 지위에 따른 순서대로 그 자세를 따라할 것이다. 특히 의견이 갈리는 회의를 살펴보면 보디랭귀지를 통해 같은 편, 다른 편을 구별할 수 있다. 같은 생각을 하는 사람들끼리 자세나 몸짓을 흉내내기 때문이다.

팀을 이뤄 발표를 하는 경우 흉내내기는 유용한 전략이 될 수 있다. 발표에 들어가기 전에 팀원들끼리 발표자가 어떤 몸짓이나 자세

빌 클린턴이 세계 최강국의 국가 원수였을지 몰라도, 부인 힐러리 클린턴의 몸짓을 흉내내고 있다.

를 취하면 팀 전체가 똑같이 따라하기로 사전에 뜻을 모으는 것이다. 그러면 경쟁팀에게 결속력이 강한 팀이라는 인상을 주고 정확히 알 수는 없으나 뭔가 의미 있는 일이 벌어지고 있다는 불안감을 조성하여 압박할 수 있다.

　부부에게 아이디어나 제품, 서비스 등을 소개할 때 누가 누구를 따라하는지 살펴보면 주도권이 누구에게 있는지 알 수 있다. 부인이 발을 교차하거나, 손으로 깍지를 끼거나, 비판적으로 평가하는 몸짓 조합을 사용하는 등 아무리 사소한 몸짓을 하더라도 남편이 그 몸짓을 흉내낸다면 남편에게 결정을 요구해도 아무 소용이 없다. 그 가정의 결정권은 부인에게 있기 때문이다.

12장

담배·안경·화장

불안과 긴장을
해소하는 도구

Q

당신이 하는 말의 90퍼센트는
당신 입에서 나오는 게 아닙니다.

— 영화 〈Mr. 히치〉에서

흡연은 내면의 혼란과 갈등을 표출하는 수단으로, 니코틴보다는 마음의 안정을 찾으려는 욕구와 더 관련이 깊다. 요즘처럼 스트레스가 심한 사회에서 흡연은 사교적·업무적 만남에서 비롯된 긴장을 해소하고 기분을 전환하기 위한 방법 가운데 하나다.

이를 뽑기 위해 치과 진료실 앞에서 기다리다 보면 불안할 수밖에 없다. 이럴 때 흡연자는 담배를 피우러 나가고 비흡연자는 옷매무새를 가다듬거나 껌을 씹는다. 혹은 손톱을 물어뜯거나 손발을 떨거나 머리를 긁적이는 등의 몸짓으로 안정감을 찾는다. 사람들이 장신구를 착용하는 이유도 크게 다르지 않다. 장신구를 만지면서 불안과 두려움, 조바심과 자신감 부족 등을 조금이라도 덜어내려는 것이다.

여러 연구를 통해 모유 수유와 흡연 여부가 상당한 상관관계가 있음이 밝혀졌다. 분유를 먹고 자란 아이들은 자라서 흡연자 심지어 골초가 될 확률이 높았으며 모유 수유 기간이 길수록 흡연자가 될 확률이 낮았다. 모유를 먹고 자란 아이들은 젖병으로는 대신할 수 없는 위안과 유대감을 엄마의 가슴에서 얻은 것으로 보인다. 젖병을 빨고 자란 아이들은 성인이 되어서도 계속 입으로 빠는 행위로 마음의 위안을 얻으려 한다. 흡연자가 담배를 빠는 것은 어린아이가 담요나 엄지를 빠는 것과 비슷한 이유라고 볼 수 있다.

분유를 먹고 자란 아기들은 모유를 먹고 자란 아기들에 비해 흡연자가 될 확률이 3배 이상 높다.

흡연자들은 비흡연자들보다 어린 시절 엄지를 빠는 습관이 있었던 경우도 3배 이상 많았다. 또 안경다리를 빨거나 손톱을 물어뜯는 모습도 관찰됐고 볼펜 꼭지를 씹거나 입술을 깨무는 등 구강기 고착 증상도 보였다.

흡연자의 종류

기본적으로 흡연자는 중독된 흡연자와 사회적 흡연자, 두 종류로 구분할 수 있다.

담배 연기를 짧고 빠르게 빨아들이면 뇌가 자극을 받아 각성 수준이 높아지는 반면, 길고 천천히 빨아들이면 진정 효과를 얻을 수 있다. 중독된 흡연자는 스트레스를 해소하기 위해 연기를 깊고 길게 빨아들이며 혼자 있을 때도 담배를 피운다. 반면에 사회적 흡연자는 주로 사람들과 어울릴 때나 술을 마실 때 담배를 피운다. 이런 경우 흡연은 다른 사람에게 깊은 인상을 주기 위한 사교적 수단인 것이다. 사회적 흡연은 담배에 불을 붙인 순간부터 불이 꺼지는 순간까지 전체 흡연 시간의 20퍼센트 정도만 연기를 짧고 빠르게 빨아들이고 나머지 80퍼센트는 특정 몸짓과 의례적인 행동을 하는 데 사용한다.

사회적 흡연은 대부분 타인과 어울리기 위한 습관적인 행동이다.

이스트런던대학교의 앤디 패롯이 실시한 연구에 따르면 흡연자의 80퍼센트가 담배를 피우면 스트레스가 감소한다고 답했다. 하지만 성인 흡연자는 비흡연자보다 스트레스 수준이 약간 높을 뿐이었고 흡연이 습관화될수록 스트레스 수준도 높아지는 것으로 밝혀졌다. 반대로 금연을 하면 스트레스가 감소되었다. 흡연이 기분을 통제하는 데 전혀 도움이 되지 못한다는 사실이 과학적으로 입증된 바 있다. 니코틴에 의존하면 오히려 스트레스 수준이 높아진다. 흡연의 효과란 혈액 속에 니코틴이 부족해서 생긴 긴장과 스트레스를 풀어주는 정도밖에 없는 것이다.

연구에 의하면 금연 후 첫 몇 주 동안 침울한 기분이 들지만, 일단 몸에서 니코틴이 완전히 빠져나가면 니코틴 부족으로 인한 스트레스가 감소하면서 기분이 극적으로 좋아진다.

흡연은 자기 손으로 머리를 때리는 일과 비슷해서, 멈춰야 기분이 좋아진다.

요즘은 많은 장소가 금연 구역으로 지정되었지만, 흡연할 때 나타나는 보디랭귀지를 알아두면 도움이 될 것이다. 담배 피우는 모습을 보면 상대의 감정 상태에 대해 많은 것을 추측할 수 있다. 담배를 털거나, 비틀거나, 튕기거나, 흔드는 등의 작은 동작들은 흡연자가 평소보다 긴장하고 있다는 것을 나타낸다.

남녀의 차이

여자는 담배를 높이 들고 손목을 뒤로 젖혀 몸의 앞부분을 개방한 채로 담배를 피운다. 남자는 손목을 똑바로 펴고 담배를 한 모금 빨아들인 다음 연기를 내뿜는다. 그리고 담배 든 손을 가슴 아래로 내려 항상 몸의 앞면을 보호한다. 흡연 비율이나 담배 소비량, 담배 한 개비당 연기를 빨아들이는 횟수에서 남녀 차이는 거의 없다. 다만 남자가 폐 속에 더 오래 연기를 담아두기 때문에 여자보다 폐암 발병률이 높다.

남자는 담배를 몰래 피울 때 두 손가락을 이용해 담배를 집고 손바닥 안으로 감출 때가 많다. 영화 속에서 거친 사내나 비열하고 수상쩍은 인물을 연기하는 남자 배우들이 이런 동작을 주로 사용한다.

흡연을 통한 성적 표현

영화와 광고에서는 흡연을 섹시하게 묘사하는 경우가 많다. 여자는

| 남자는 몸을 움츠리고 손바닥으로 숨기듯 담배를 피운다. | 여자는 몸의 앞부분을 개방하고 손목을 내보이며 흡연한다. |

손목을 내보이고 몸의 앞부분을 드러낸 자세를 취하고 담배를 입술 사이에 물고 유혹하듯 빨아들인다. 남자도 담배를 유혹하듯 감추듯 쥐고 남성성을 강조한다.

여성의 흡연에서 드러나는 성적 매력의 핵심은 복종적인 태도다. 다시 말해 여자가 담배를 피우는 것이 잘만 설득하면 자신에게 불리한 일도 할 것 같다는 메시지를 암시하는 것이다.

상대의 면전에 담배 연기를 내뿜는 것은 어디서나 무례한 행동이지만, 시리아에서는 남성이 여성을 유혹할 때 주로 사용한다.

담배 연기를 보면 알 수 있다

담배 연기를 뿜는 방향을 보면 상대가 긍정적 태도를 갖고 있는지 아니면 부정적 태도를 갖고 있는지 알 수 있다. 다만 흡연자는 어떤 방향으로든 담배 연기를 내뿜을 수 있으며 상대를 배려해서 연기를 위로 내뿜는 것이 아니라는 상황을 전제로 한다. 자신에 대해 긍정적이고 자신감이 넘치는 사람, 자신을 우월하다고 생각하는 사람은 대개 위쪽으로 연기를 내뿜는다. 반면에 자기 부정적이고 마음이 미심쩍을 때, 비밀을 감추고 있을 때는 아래쪽으로 연기를 내뿜는다. 입가를 통해 연기를 아래로 내뿜는 사람은 보다 부정적이고 비밀스러운 태도를 갖고 있다.

영화 속에서 폭주족이나 범죄조직의 두목 등 거칠고 공격적인 남자들은 담배를 피울 때 뒤로 고개를 젖히고 천장을 향해 연기를 내뿜으며 자신의 우월성을 과시한다. 탈옥이나 부정한 일을 꾸밀 때는 담배를 손 안에 감춰 들고 입가를 통해 연기를 내뿜는다. 흡연자의 긍정적 혹은 부정적인 감정은 담배 연기를 내뿜는 속도와도 관련이 있다. 담배 연기를 위쪽으로 빨리 내뿜을수록 우월감과 자신감이 강한 것이고, 아래쪽으로 빨리 내뿜을수록 의심, 소심함, 적대감, 부정적인 생각이 강한 것이다.

담배를 피우며 카드 게임을 할 때 좋은 패가 들어오면 무의식적으로 연기를 위로 내뿜을 확률이 높다. 반면에 나쁜 패가 들어오면 아래로 내뿜을 것이다. 카드 게임을 하다 보면 속내를 드러내지 않기 위해 포커페이스를 유지하는 사람도 있고 상대를 안심시키려고 가짜 보디랭귀지를 연기하는 사람도 있다.

예를 들어 게임 상대가 불만스럽게 카드를 테이블 위에 엎어 놓고 욕설을 하면서 팔짱을 끼는 등 나쁜 패가 들어온 듯한 몸짓을 했

담배 연기를 위쪽으로 내뿜는 것은 긍정적인 생각, 우월감, 자신감을 뜻한다.

담배 연기를 아래쪽으로 내뿜는 것은 부정적인 생각, 비밀, 의심을 뜻한다.

다고 치자. 하지만 그런 행동을 한 뒤에 의자에 기대 앉아 담배를 피워 물고 연기를 위로 뿜거나 손끝을 뾰족하게 마주 세운다면 돈을 걸어서는 안 된다. 그가 당신을 속이기 위해 일부러 엉뚱한 보디랭귀지를 한 것이다.

고객의 흡연 태도를 관찰해 보면 구매를 할지 안 할지를 파악할 수 있다. 판매자가 물건을 권유했을 때, 속으로 구입을 이미 결정한 손님은 담배 연기를 위로 내뿜고 구매하지 않기로 결정한 손님은 연기를 아래로 내뿜는다.

1978년 우리가 실시한 연구에 따르면, 흡연자들은 협상을 할 때 결정에 도달하기까지 비흡연자들보다 훨씬 많은 시간을 필요로 했다. 그리고 긴장된 협상이 이어지는 동안 자주 흡연과 관련된 습관적인 몸짓을 보였다. 이런 결과를 보면 흡연자들이 담배를 피우면서 중요한 결정을 미룬다는 사실을 알 수 있다. 그러므로 흡연자와 협상을 할 때 빠른 결정을 이끌어내고 싶다면, 금연 표시가 크게 붙어 있는 회의실에서 협상을 하라.

담배를 끌 때

대부분의 흡연자들은 담배를 어느 정도까지 태운 다음 재떨이에 비벼 끈다. 이때 여자는 천천히 비벼 끄는 반면 남자는 엄지로 꽉 눌러 끈다. 만약 상대가 평소보다 담뱃불을 빨리 끈다면 대화를 끝내고 싶다는 신호일 수 있다. 이런 경우 당신이 먼저 대화를 조절하거나 마무리하여 마치 당신이 원해서 대화를 끝내는 것처럼 보이게 하라.

안경이 보내는 신호

사람이 사용하는 물건은 전부 그 사람의 속마음을 담은 그릇이라고 볼 수 있다. 안경도 예외가 아니다. 안경을 이용한 가장 흔한 몸짓 중 하나는 안경다리를 입에 무는 것이다.

데즈몬드 모리스가 지적했듯이, 물건을 입술에 대거나 입에 무는 행동은 일시적으로나마 어린 시절 엄마의 젖가슴에서 느꼈던 안정감을 되찾고자 하는 시도다. 따라서 안경다리를 입에 무는 동작 역시 본질적으로 위안을 찾는 몸짓으로 볼 수 있다.

안경을 쓰면 다른 사람에게 지적이고 학구적인 사람이라는 인상을 줄 수 있다. 한 실험에 의하면 안경을 쓰고 찍은 사진과 안경을 쓰지 않고 찍은 사진을 비교했을 때, 안경을 썼을 때 아이큐가 14포인트 정도 높아 보인다는 평가를 받았다. 그러나 이런 효과는 5분을 넘기지 못하므로 안경은 짧은 만남에서만 도움이 된다.

하지만 렌즈가 너무 큰 안경이나 화려한 안경테 혹은 디자이너 이름이나 브랜드 로고가 요란하게 새겨진 안경은 지적인 모습과 거리가 멀다. 얼굴보다 한 치수 큰 안경을 쓰면 더 늙고 권위적으로 보인다.

사람들의 얼굴 사진으로 실험해 본 결과, 업무와 관련된 상황에서는 안경을 쓴 사람이 지적이고 보수적이며 진지한 인물이라는 평가를 받았다. 성별에 상관없이 안경테가 두꺼울수록 긍정적인 평가가 많았다. 아마 기업가들이 두꺼운 안경테를 선호하기 때문인 듯하다. 따라서 비즈니스 현장에서는 안경이 권위의 상징이 된다.

무테나 작고 가는 테는 무력한 인상을 주고 사업보다는 패션에 더 관심이 많은 사람이라는 인상을 준다. 그러나 친구나 연인을 찾는 사교적 모임에서는 무테나 가는 테가 오히려 긍정적인 인상을 줄 수 있다.

그래서 우리는 경영자들에게 예산을 검토하는 등의 진지한 일을

단순한 디자인의 안경은 지적으로 보인다. 그러나 지나치게 화려한 안경은 바보처럼 보인다.

할 때는 테가 두꺼운 안경을 쓰고 좋은 사람 혹은 친근한 사람이라는 인상을 주고 싶을 때는 무테 안경을 쓰라고 권한다.

시간을 끌고 싶다면

안경다리를 입에 무는 몸짓은 흡연과 마찬가지로 결정을 피하거나 미루는 데 이용할 수 있다. 안경을 벗어 계속 렌즈를 닦는 행위도 사람들이 결정할 때 시간을 벌기 위해 자주 이용하는 방법이다. 만약 상대가 결정의 순간 이런 몸짓을 보인다면 조용히 기다리는 것이 최고의 전략이다.

안경다리를 입에 무는 행동 다음에 이어지는 몸짓이 상대의 속마음을 나타낸다. 상대가 안경다리를 물고 있다가 다시 안경을 쓴다면 협상 자료들을 다시 보고 싶다는 뜻이다. 반면에 안경다리를 접어서 내려놓는 것은 대화를 끝내고 싶다는 신호이며 안경을 책상 위에 던지는 것은 제안을 거절하겠다는 상징적인 표현이다.

안경 너머로 쳐다보기

돋보기를 쓰고 책을 보다가 얼굴을 들어 사람을 쳐다볼 때 안경을 벗는 대신 안경 너머로 쳐다보는 것이 편하다. 하지만 이런 시선은 상대방을 조사하고 판단한다는 느낌을 줄 수 있다. 안경 너머로 쳐

시간을 끌고 있는 자세

안경 너머로 넘겨다보는 자세

다보면 상대가 팔짱을 끼거나 다리를 꼬는 등 논쟁적인 태도로 응수할 수도 있기 때문에 조심해야 한다. 글을 읽을 때만 안경을 쓰는 사람은 말을 할 때 안경을 벗었다가 상대의 말을 들을 때 다시 안경을 쓰는 것이 좋다. 이렇게 하면 상대를 편하게 해줄 수 있을 뿐 아니라 말을 하는 차례가 정해져 대화를 통제할 수 있다.

콘택트렌즈를 끼면 동공이 크고 촉촉해 보이고 빛을 반사해 눈동자가 더 반짝거린다. 그래서 사람을 더 부드럽고 관능적으로 보이게 한다. 그러므로 사교적인 만남에서는 도움이 될 수도 있다.

안경과 화장의 힘

화장은 특히 업무적 상황에서 여성의 신뢰도를 높여준다. 우리는 이 사실을 확인하기 위해 간단한 실험을 실시했다. 외모가 비슷한 4명의 여성을 점원으로 고용하여 세미나 현장에서 훈련 교재를 판매하도록 했다. 여점원들은 모두 비슷한 복장을 하고 각자의 독립적인 판매대에서 판매를 시작했다. 첫 번째 점원은 화장을 하고 안경을 썼고 두 번째 점원은 화장을 하지 않고 안경만 썼으며 세 번째 점원은 화장만 하고 안경은 쓰지 않았다. 네 번째 점원은 화장도 안 하고 안경도 쓰지 않았다.

고객들은 판매대에서 각 점원들과 평균 4~6분 정도 훈련 프로그램에 대해 이야기를 나눴다. 잠시 후 판매대를 떠난 고객들을 상대로 여점원의 성격과 외모를 떠올린 다음 각 여점원을 가장 잘 묘사하는 형용사를 말해 달라고 요청했다.

첫 번째 여점원은 자신감 넘치고 지적이고 가장 외향적이라는 평가를 받았다. 하지만 일부 여성 고객은 자신감은 넘치지만 냉정하고 잘난 척하는 듯 보인다고 평가하기도 했다. 이것은 여성들이 화장도 하고 안경도 쓴 여점원을 잠재적인 경쟁자로 생각한다고도 추측할 수 있다. 남자들 중에는 그런 평가를 내린 사람이 없었기 때문이다. 화장만 하고 안경은 쓰지 않은 세 번째 점원은 외모와 성격 등에서 좋은 점수를 받았지만, 고객의 말을 잘 듣고 신뢰관계를 구축하는 대인 기술에서는 낮은 점수를 받았다.

화장은 하지 않고 안경만 쓴 두 번째 점원 역시 대인 기술과 상품설명에서 낮은 점수를 기록했다. 여성 고객들은 점원들이 화장을 하지 않은 것을 알아차렸지만, 남자들은 화장을 했는지 안 했는지 거의 기억하지 못했다. 흥미롭게도 화장을 한 첫 번째, 세 번째 여점원은 화장을 하지 않은 점원보다 치마 길이가 짧았던 것으로 잘못 기억하는 고객들이 많았다. 화장을 한 사람이 그렇지 않은 사람보다 더 섹시한 이미지를 풍겼던 것이다.

이 실험의 결론은 분명하다. 여자가 화장을 하면 더욱 지적이고 자신감 넘치고 섹시한 이미지를 가질 수 있으며 안경까지 쓰면 비즈니스 현장에서 상대에게 긍정적이고 깊은 인상을 남길 수 있다. 따라서 눈이 나쁘지 않더라도 도수 없는 안경을 쓰는 것도 사업상 회의를 위한 훌륭한 전략이 될 수 있다.

서류 가방은 가볍게

서류 가방의 크기는 가방 주인의 사회적 지위를 나타낸다. 크고 불룩한 서류 가방을 들고 다니는 사람은 모든 일을 혼자 처리하고 일을 집에까지 가지고 가는 사람으로 보인다. 반면 가벼운 서류 가방을 들고 다니는 사람은 결재만 하면 되는 사람, 즉 지위가 높은 사람으로 보인다. 서류 가방은 되도록이면 왼손에 들고 다녀라. 누구를 만나든 머뭇거리지 않고 오른손을 내밀어 악수를 할 수 있기 때문이다. 여성이 서류 가방과 핸드백을 함께 들고 다니면 체계적이지 못하고 업무 능력도 부족해 보인다. 그리고 꼭 잊지 말아야 할 점은 절대 서류 가방으로 상대방과 자신 사이에 장벽을 만들면 안 된다는 것이다.

방향

몸은 마음의 표지판이다

대화를 나누면서 상대가 즐거워 보이긴 하지만 왠지 마음이 다른 곳에 가 있는 듯한 느낌을 받은 적이 있는가? 그런 순간을 사진으로 찍으면 다음과 같은 2가지 모습이 보일 것이다. 첫째, 상대의 얼굴은 분명히 당신을 향한 채 미소를 짓거나 끄덕이고 있다. 둘째, 그러나 상대의 몸과 발은 당신이 아닌 다른 방향이나 출입구를 향하고 있다. 몸이나 발이 향해 있는 방향은 그 사람이 가고 싶은 방향을 나타낸다.

오른쪽 남자는 문밖으로 나가고 싶어 한다.

왼쪽 그림은 두 남자가 문간에서 대화를 나누는 장면이다. 왼쪽 남자는 오른쪽 남자의 관심을 끌기 위해 노력하고 있지만, 오른쪽 남자는 고개만 돌려 왼쪽 남자를 쳐다보고 싶을 뿐 몸은 자신이 가고 싶은 방향을 향해 있다.

두 사람이 서로 흥미로운 대화를

나누기 시작하면 오른쪽 남자가 완전히 몸을 돌려 왼쪽 남자를 바라볼 것이다.

대화를 나누다가 한쪽이 대화를 끝내거나 자리를 뜨고 싶어지면 그의 몸이나 발이 가장 가까운 출구 쪽으로 향할 것이다. 만약 당신의 대화 상대가 그런 반응을 보인다면 상대의 관심을 되돌리는 조치를 취하든가 차라리 선수를 쳐서 먼저 대화를 끝내야 한다.

몸의 방향과 각도

1. 개방적 자세

앞에서 언급했듯이 사람들 사이의 거리는 서로에 대한 관심 및 친밀도를 반영한다. 사람들이 이루고 있는 각도 역시 각자의 태도와 관계를 보여주는 비언어적 단서다.

동물들은 상대와 싸울 때 대부분 정면에서 접근한다. 상대 동물도 도전에 응할 작정이라면 정면에서 맞설 것이다. 사람도 마찬가지다. 그러나 상대를 살펴보려는 것일 뿐 공격의사가 없는 동물들은 정면이 아니라 옆으로 접근한다. 이것 역시 사람도 똑같다.

상대방의 정면에 똑바로 서서 강한 태도로 이야기하는 사람은 공격적으로 보이기 마련이다. 같은 말을 하더라도 상대의 옆쪽으로 비켜서서 이야기한다면 친근하면서도 자신감 넘치고 목표지향적인 인상을 줄 수 있다.

공격적으로 보이지 않으려면 양쪽 몸을 각각 45도 정도 비켜 서

공격적으로 보이지 않도록 양쪽
모두 45도 각도로 선다.

폐쇄적 자세일 때 서로 정면을 향하면
상대의 관심을 독점할 수 있다.

서, 두 사람의 몸에서 연장된 선이 만나는 점과 90도를 이루면 된다.

위의 그림에서 두 남자는 가상의 꼭지점을 향해 서서 전체적으로 직각삼각형을 이루고 있다. 두 사람 사이의 각도를 보면 서로 우호적인 대화를 나누고 있다는 것을 추측할 수 있다. 또 서로의 자세를 따라하는 모습으로 짐작하건대 사회적 지위 역시 비슷할 것이다. 그림처럼 두 사람이 삼각형을 형성하면 제3의 인물을 대화로 초대하는 효과가 있다. 만약 제4의 인물이 대화에 참여한다면 사각형이 만들어지고 더 많은 사람이 들어오면 원이 되거나 새로운 두 개의 삼각형이 형성될 것이다.

엘리베이터나 만원 버스, 지하철 등 낯선 사람을 피해 몸을 45도 각도로 돌리는 것이 불가능한 장소에서는 몸 대신 고개를 돌리게 된다.

2. 폐쇄적 자세

두 사람이 친해지고 싶을 때는 몸의 각도를 45도에서 0도로 바꾸면서 얼굴을 서로 마주본다. 연애 중인 남녀가 서로의 관심을 독점하고 싶을 때도 구애의 몸짓과 더불어 이런 자세를 취한다. 남자는 몸을 여자 쪽으로 향할 뿐만 아니라 여자의 친밀한 거리 안으로 들어가려고 한다. 여자가 남자의 접근을 받아들인다면 몸의 각도를 0도로 바꾸고 자신의 공간 안으로 들어오도록 허락해야 한다.

폐쇄적 자세일 때는 개방적 자세일 때보다 두 사람 사이의 거리가 좁다. 그러므로 이 자세가 적대적인 사이에서는 상대에 대한 도전적인 의미가 될 수도 있다.

연구에 의하면 남자는 정면 공격을 두려워하기 때문에 앞에서 접근하는 사람을 조심하고, 여자는 후면 공격을 두려워하기 때문에 뒤에서 접근하는 사람을 경계한다. 따라서 처음 만난 남자 앞에 정면으로 서는 행동은 피하는 것이 좋다. 당신이 남자라면 상대는 정면 접근을 공격의 의미로, 당신이 여자라면 이성으로서 관심을 가지고 있다고 받아들인다. 그리고 당신이 남자라면 여자에게 다가갈 때 일단 정면에서 접근했다가 차츰 45도로 각도를 바꾸는 것이 좋다.

따돌림의 몸짓

폐쇄적 자세로 대화를 나누고 있는 두 사람 사이에 제3의 인물이 참여하려면 대화 중인 두 사람이 몸을 틀어 제3의 인물을 포함해 삼각형을 만들어야 한다.

먼저 대화 중인 두 사람이 제3의 인물을 끼워주고 싶지 않을 때

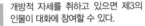

개방적 자세를 취하고 있으면 제3의
인물이 대화에 참여할 수 있다.

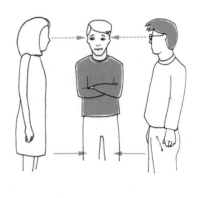

두 사람은 제3의 인물을 대화에 참여시킬
생각이 없다.

는 인사치레로 머리만 살짝 돌려 아는 척하면서 입술을 꽉 다물고
미소를 지을 것이다.

처음에는 세 사람이 개방적인 삼각형 자세로 대화를 시작했다가
두 사람이 서로 정면을 바라보는 폐쇄적 자세를 취하며 한 명을 따
돌릴 수도 있다. 이렇게 서로를 향한 몸의 방향이 바뀌면 따돌림을
당한 사람은 더 이상 창피를 당하기 전에 알아서 자리를 비키는 것
이 가장 현명한 처신이다.

삼각형 만들기

만약 당신이 누군가를 향해 다리를 꼬고 앉았다면 그것은 당신이
상대에게 관심이 있거나 상대를 받아들이겠다는 신호다. 이때 상대
도 당신에게 관심이 있다면 상대 역시 당신을 향해 다리를 꼬고 앉

왼쪽의 두 남녀는 둘만의 대화를 나누고 있고, 오른쪽 남자는 따돌림을 당한 것으로 보인다.

을 것이다. 두 사람이 더 친해지면 서로의 행동과 몸짓을 따라하게
된다.

위 그림에서 왼쪽 남녀는 폐쇄적인 자세로 오른쪽 남자를 포함한
주변의 모든 사람을 대화에서 차단하고 있다. 오른쪽 남자가 대화에
참여하고 싶다면 의자 하나를 남녀 앞에 끌어다 놓고 삼각형을 만
들거나 다른 방법으로 폐쇄적인 자세를 깨뜨리는 수밖에 없다.

발은 마음의 화살표다

발은 사람의 마음이 향하는 방향이나 가장 흥미롭고 매력적인 사람
을 가리키는 화살표다. 사교 모임에 갔다가 남자 세 명과 여자 한 명
이 모여 있는 모습을 보고 있다고 가정해 보자. 대화를 주도하는 것
은 남자들이고 여자는 듣고만 있는 것 같다. 그런데 남자들의 발이
모두 여자를 향하고 있다.

발은 마음이 가는 곳을 가리킨다.

남자들은 아주 단순한 비언어적 단서로 여자에게 관심을 표현하고 있다. 여자도 무의식적으로 남자들의 발이 가리키는 방향을 알아채고 남자들의 관심이 자신에게 향하는 동안 그 자리에 머물러 있을 확률이 높다. 여자는 양발을 나란히 모으고 서 있지만(중립적 자세) 결국은 가장 관심이 가는 남자를 향해 발끝을 내밀 것이다.

14장

구애와 유혹

여자는 지휘를 하고
남자는 박자를 맞춘다

Q

여자의 직감은 남자의 확신보다 정확하다.
— 키플링

알버트 셰플린 박사는 저서 《보디랭귀지와 사회질서Body Language and the Social Order》에서 사람이 이성과 함께 있으면 생리적 변화가 일어난다고 주장했다. 혹시 모를 성적 접촉에 대비해 근육이 긴장되고 얼굴과 눈 주변의 처진 살이 수축하며 가슴이 솟아오르거나 불룩한 뱃살이 들어가는 등 전체적으로 자세가 꼿꼿해지고 한결 젊어 보이게 된다.

또 남녀 모두 적당한 배우자감이라는 사실을 과시하기 위해 탄력 있고 활기차게 걷는다. 남자는 가슴을 펴고 턱을 내밀어 키가 커 보이도록 노력하여 지배적인 인상을 전달하려고 한다. 여자도 관심 있는 남자 앞에서는 가슴을 내밀고 고개를 살짝 기울이며 머리를 매만지고 손목을 내보이면서 복종적인 자세를 취한다.

이런 변화를 관찰할 수 있는 최적의 장소가 해변이다. 수영복 차림의 남녀가 멀리서 마주 걸어오다가 눈이 마주칠 정도로 가까워지면 변화가 시작된다. 그러다 서로 지나치면 원래 상태로 돌아간다.

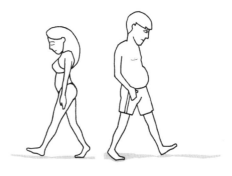

두 사람이 서로를 쳐다본다.   시선에서 멀어지면 원래 모습으로 복귀한다.

　남자와 여자가 구애하는 과정에서 몸짓은 중요한 요소다. 몸짓으로 자신이 얼마나 매력적이고 열정적인지 드러낼 수 있으며 이성을 만날 준비가 되었고 또 이성을 얼마나 간절히 원하는지를 나타내기도 한다. 구애의 신호에는 학습한 것도 있지만 무의식적으로 보내는 신호들도 많다. 사람이 어떻게 구애의 신호들을 익히는지 아직 분명히 밝혀지지 않았지만, 연구에 의하면 상당수가 선천적으로 타고난 것이라고 한다.

메트로섹슈얼

대부분의 포유류는 수컷이 화려하게 치장을 하고 암컷을 유혹한다. 하지만 인간은 그 반대다. 역사적으로 여성들이 온갖 화려한 옷과 보석으로 치장을 하거나 얼굴에 화장을 하여 이성에게 성적 매력을 발산했다. 남성들에게 복장은 지위를 과시하거나 적을 위협하기 위한 도구였다. 유일한 예외가 있다면 아름다운 가발과 알록달록한 옷으로 자신을 꾸미는 데 열정적이었던 16~17세기 유럽의 남성들 정도일 것이다. 그런데 요즘 들어 마치 수컷 공작처럼 자신을 꾸미는 남성들이 늘어나고 있다. 축구 선수가 화장을 하고 매니큐어를 칠하기도 하고 머리 염색을 하는 레슬링 선수도 있다. 미국에는 이처럼 여성 취향의 차림이나 행동 양식을 모방하는 이성애자 남성을 '메트로섹슈얼metrosexual'이라고 부른다. 이들은 머리를 염색하고 손톱과 발톱에 매니큐어와 페디큐어를 칠하며 화려한 옷을 입는다. 또 보톡스 주사를 맞는 등 자신의 여성성을 적극적으로 드러낸다.

우리의 관찰 결과 메트로섹슈얼도 3종류로 나뉘었다. 첫째는 동성애자, 둘째는 여성성이 강한 남성, 셋째는 자신을 꾸몄을 때 더 많은 여성을 사로잡을 수 있다는 사실을 깨달은 영악한 남성들이다.

구애의 주도권을 쥔 사람

일반적인 남자에게 누가 먼저 이성에게 접근하는지 물으면 십중팔구 남자라고 대답할 것이다. 하지만 구애에 대한 연구 결과를 살펴보면 90퍼센트 이상 여자가 먼저 접근한다. 여자는 목표로 삼은 남자를 향해 눈빛과 몸짓, 표정으로 미묘한 신호를 보낸다.

클럽이나 술집에 가보면 여자가 신호를 보내지도 않았는데 무작정 다가가는 남자들이 있다. 이런 남자들 중에서도 성공적으로 짝을 찾는 경우가 있기는 하지만, 통계로 따져보면 전체적인 성공 확률이 낮은 편이다. 순전히 운에 달려 있기 때문이다.

구애 과정에서 여자가 지휘자라면 남자는 그 음악에 맞춰 춤을 추는 무희라고 할 수 있다.

남자가 여자의 허락도 없이 접근한 경우, 만약 실패할 것 같은 느낌이 들면 다른 용건이 있는 척하면서 "혹시 ○○은행에 근무하지 않으세요?" "혹시 △△씨의 여동생 아니십니까?" 같은 진부한 질문을 늘어놓을 것이다. 이런 식으로 운에 의지해서 구애한다면 최대한 많은 여자들에게 접근해야 성공 가능성을 높일 수 있다.

미남 배우 같은 외모의 소유자라면 다르겠지만, 남자가 여자에게 접근할 때는 보통 여자가 보디랭귀지로 먼저 신호를 보내고 남자가 그 신호를 이해한 것으로 봐야 한다. 하지만 실제로 다가간 것은 남자이기 때문에 겉으로는 남자가 먼저 접근한 것처럼 보일 수 있다. 남자와 여자가 구애를 할 때 90퍼센트 이상이 여자의 주도로 이루어지지만, 여자들이 보내는 신호가 너무 미묘해서 남자들은 대개 자신이 먼저 다가갔다고 착각한다.

해석이 어려운 미묘한 신호

남자는 여자의 보디랭귀지에 담긴 뜻을 좀처럼 해석하지 못한다. 그리고 연구에 의하면 남자들은 여자의 미소와 호의를 성적 관심으로 오해하는 경향이 있다. 남자가 여자보다 세상을 성적인 관점에서 바라보는 경향이 강하기 때문이다.

여자가 '아니오'라고 말하면 '글쎄요'라는 뜻이다.
여자가 '글쎄요'라고 말하면 '예'라는 뜻이다.

여자들은 마음에 드는 남자를 만나면 괜찮은 사람인지 알아보기 위해 미묘하면서도 때로는 기만적인 구애 신호를 보낸다. 여자는 보통 첫 만남 후 5분 동안 구애 신호를 집중적으로 퍼붓는다. 남자가 본심을 드러내도록 만들기 위해 상당히 변덕스럽고 모호한 신호를 보내는 것이다. 하지만 이것이 오히려 실패의 원인이 되기도 한다. 여자의 불명확한 신호에 혼란을 느낀 남자가 접근 자체를 포기하는 경우도 많기 때문이다.

유혹의 과정

다른 동물과 마찬가지로 사람도 매력적인 이성을 만나면 공통적인 구애의 5단계를 거친다.

1단계: 시선 교환
여자가 주위를 둘러보다 마음에 드는 남자를 발견한다. 여자는 남자가 자신의 시선을 알아채길 기다렸다가 5초 정도 눈을 맞춘 후 눈길을 돌린다. 그러면 남자는 여자가 다시 자신을 쳐다볼 때까지 계속 여자를 주시한다. 평범한 남성은 여자가 이런 식으로 평균 3번 정도 시선을 던져야 겨우 여자의 관심을 알아차린다. 이렇게 여러 번 시선을 교환하면서 본격적인 구애 과정이 시작된다.

2단계: 미소

여자는 남자에게 살짝 미소를 짓는다. 이 순간적인 미소는 접근해도 좋다는 허락의 신호다. 불행히도 많은 남자들이 이 신호를 제대로 이해하지 못하는데, 신호를 보낸 여자는 남자가 자기한테 관심이 없는 줄 알고 실망하게 된다.

3단계: 단장하기

여자는 가슴을 강조하기 위해 상체를 꼿꼿이 펴고 다리와 발목을 교차하여 가장 아름다운 각도로 앉는다. 서 있을 때는 골반을 살짝 틀고 고개를 한쪽으로 기울여 목을 드러낸다. 그리고 상대 남자에게 그를 위해 몸단장을 하고 있다는 의미로 대략 6초 정도 머리를 매만진다. 입술을 핥거나, 머리카락을 뒤로 넘기거나, 옷과 장신구를 매만지기도 한다.

남자는 똑바로 서서 잔뜩 힘을 줘서 배를 밀어 넣고 가슴을 쫙 편다. 머리카락을 만지기도 하고 옷매무새를 가다듬거나 허리띠에 엄지를 거는 등의 몸짓으로 반응을 보인다. 남녀 모두 발끝과 몸의 방향이 서로를 향할 것이다.

4단계: 말 걸기

남자가 여자에게 다가와 "우리 전에 어디선가 본 적이 있지 않나요?" 같은 상투적인 말로 가벼운 대화를 시도한다.

5단계: 접촉

여자는 우연을 가장해 남자의 팔에 가볍게 손댈 기회를 찾는다. 손을 잡는 것은 팔을 만지는 것보다 더 강한 친밀감을 나타낸다. 친밀감의 정도에 따른 접촉에 자신이 만족한다는 것과 이전의 접촉이 우연이 아니라는 것을 알리기 위해 접촉을 반복한다. 여자가 남자의 어깨를 살짝 쓸어주거나 만지는 것은 남자의 건강과 외모에 관심이 있다는 표현이다. 남녀가 악수를 하면 더 빨리 신체 접촉의 단계로 진행할 수 있다.

이와 같은 구애의 5단계는 사소하고 우연한 일로 보일 수 있지만, 새로운 관계를 시작할 때 반드시 필요한 과정이다. 하지만 대부분의 사람들, 특히 남자들이 어려워하는 과정이다.

여자의 구애 신호

여자도 남자와 크게 다르지 않다. 머리를 매만지고 옷의 주름을 펴고 손을 허리에 올린다. 발과 몸을 남자 쪽으로 향하고 오랫동안 바라보거나 눈을 자주 맞추는 등의 구애 행동을 한다. 어떤 여성들은 남성성을 강조하는 '엄지를 허리띠에 걸치기는 자세'를 보여주기도 한다. 그러나 남자의 과감한 동작과는 달리 한쪽 엄지만 허리띠에 걸치거나 핸드백 혹은 주머니 밖으로 내놓는 식으로 섬세하다.

여성은 가임기가 되면 짧은 치마를 입고 높은 구두를 신고 도발적으로 걷거나 말하는 등 성적으로 적극성을 보이는 경향이 있다. 다음은 전 세계 모든 여성들이 자신에게 접근해도 좋다는 의미로 남성들에게 많이 사용하는 13가지 구애 신호다.

1. 고개 젖히면서 머리카락 넘기기

마음에 드는 남자가 근처에 있을 때 일반적으로 여자들이 제일 먼저 취하는 몸짓으로, 고개를 젖히면서 머리카락을 쓸어 올리거나 어깨 뒤로 넘기는 식이다. 이 몸짓을 통해 자신이 남자의 시선을 의식하고 있다는 것을 미묘하게 전달한다. 또 팔을 위로 들면서 겨드랑이가 드러나는 이 자세는 상대 남성에게 페로몬을 풍길 수 있다.

머리를 매만지고 겨드랑이에서 페로몬을 발산하는 자세

2. 앞으로 내민 촉촉한 입술, 살짝 벌린 입

사춘기가 되면 남자의 얼굴 골격이 급격히 달라진다. 테스토스테론의 영향으로 턱은 더 강인한 모양으로 돌출되고 코가 커지거나 이마가 두드러진다. 동물이나 적과 맞닥뜨렸을 때 얼굴을 보호하는 데 유리하도록 변화하는 것이다. 그러나 여자의 얼굴 골격은 크게 변

마릴린 먼로는 남자의 관심을 끌려면 입술을 어떻게 해야 하는지 본능적으로 알고 있었다.

여성들의 관능적 포즈를 보면 자기 몸을 어루만지는 경우가 많다.

하지 않고 피하 지방이 많아지는데, 특히 입술이 도톰하고 통통해진다. 그래서 남자의 입술과 달리 크고 도톰한 입술은 여성성의 상징이 된다. 남자에게 매력적으로 보이기 위해 입술에 콜라겐 주사를 맞는 여성들도 있지만 입술을 앞으로 내밀기만 해도 더욱 돋보이게 할 수 있다.

여성의 외음순 두께는 입술 두께와 비례한다. 데즈먼드 모리스는 여자의 입술이 자신의 생식기를 상징한다는 것을 '자기모방'이라고 칭했다. 침이나 립스틱 등을 발라 촉촉해진 여성의 입술은 성적으로 유혹하는 듯한 인상을 준다.

여성이 성적으로 흥분하면 혈액이 몰려들면서 입술과 가슴, 성기가 더 크고 붉어진다. 립스틱은 4천 년 전 이집트에서 성적으로 흥분해 붉게 달아오른 여성의 성기를 모방하기 위해서 발명되었다. 이런 사실을 고려하면 남성들이 다른 색보다 밝은 빨간색 립스틱을 바른 여자를 가장 매력적이고 관능적으로 보는 것이 이해가 된다.

3. 자기 몸 만지기

사람은 몸을 통해 은밀한 욕망을 드러낸다. 자기 몸을 만지는 행동
도 마찬가지다. 여성은 남성에 비해 촉각에 대단히 예민하다. 여자
가 자신의 허벅지나 목덜미 등을 천천히 관능적으로 쓰다듬는 것은
남자가 잘만 하면 같은 방식으로 여자의 몸을 만질 수 있다는 의미
를 전달한다. 또한 여자는 자신의 몸을 만지면서 남자가 자신의 몸
을 만졌을 때 어떤 느낌일지 상상할 수도 있다.

4. 손목 늘어뜨리기

걸을 때나 앉아 있을 때 손목을 늘어뜨리는 것은 여
자와 동성애자 남자들이 취하는 복종의 신호다. 새
도 먹잇감을 유인하기 위해 날개를 다친 척하며
축 늘어뜨리는 경우가 있다. 다시 말하면 이것은
상대의 관심을 끄는 자세다.

여자들이 이런 자세를 취하면 남자들은 그녀
를 쉽게 지배할 수 있을 것처럼 보이기 때문에
매력적으로 느낀다. 그러나 여자가 비즈니스 현
장에서 이런 식으로 손목을 늘어뜨린다면 신뢰
감이 떨어지고 진지한 비즈니스 상대로 인정받
지 못할 것이다.

관심을 끌기 위해 새들은
날개를 다친 척하고 여자
는 손목을 늘어뜨린다.

5. 원통형 물체 어루만지기

담배나 손가락, 와인 잔의 다리, 달랑거리는 귀걸이를 어루만지는 것은 무의식적으로 속마음을 드러내는 행동이다. 손가락에 반지를 뺐다 끼웠다 하는 동작도 속으로 성행위를 떠올린다는 신호일 수 있다. 여자가 이런 행동을 하면 남자는 라이터나 자동차 열쇠 혹은 여자의 소지품 등을 어루만지면서 상징적으로 여자를 소유하려고 시도할 확률이 높다.

6. 손목 드러내기

여자는 관심 있는 남자에게 매끈하고 부드러운 손목 안쪽 피부를 보여주려고 한다. 관심도가 높을수록 손목을 내보이는 횟수도 증가한다. 손목 피부는 굉장히 예민하기 때문에 예로부터 여자의 몸에서 가장 관능적인 부분으로 통한다. 손목을 드러내는 몸짓이 학습을 통해 배운 것인지 선천적인 행동인지 분명하지 않지만, 무의식적으로 이루어진다는 것만은 확실하다.

손목을 드러내는 몸짓은 이성을 유혹하는 강력한 몸짓이다.

여자는 대화 도중 남자에게 손바닥도 자주 내보인다. 담배를 피우는 여성은 담배를 든 손바닥만 어깨 높이로 들고 있으면 간단히 손목과 손바닥을 내보일 수 있다. 여성스러운 남자 동성애자들도 손목을 드러내며 고개를 젖히는 몸짓을 자주 취한다.

여자들은 손목 안쪽에 향수를 뿌리면 맥박이 향기를 멀리 퍼뜨릴 것이라고 생각한다. 하지만 손목 안쪽에 향수를 뿌리는 진짜 목적은 남자가 자신의 손목 안쪽을 보게끔 향기로 유혹하는 것이다.

7. 살짝 올린 어깨 너머로 곁눈질하기

살짝 올린 어깨는 봉긋 솟아오른 여자의 가슴에 대한 자기모방이다. 여자는 눈을 살짝 내리깔고 어깨 너머로 남자를 응시하다가 남자가 알아차릴 만하면 재빨리 시선을 돌린다. 그러면 여자는 자신이 남자를 몰래 훔쳐보는 동시에 남자가 자신을 훔쳐보는 듯한 느낌을 받을 수 있다.

8. 엉덩이 흔들기

여자는 출산을 해야 하기 때문에 남자보다 골반도 크고 다리 사이도 넓다. 따라서 걸을 때 엉덩이가 좌우로 흔들리며 골반 부위가 두드러진다. 남자는 신체 구조상 이런 걸음걸이가 불가능하기 때문에, 이것은 남녀의 성차를 강조하는 강력한 신호가 된다. 여자는 큰 골반 탓에 다리가 양쪽으로 넓게 벌어져 남자만큼 빨리 달리기 힘들다. 엉덩이를 흔드는 몸짓은 여성의 미묘한 구애 행동의 하나로, 각종 광고에 자주 쓰였다. 여성들은 이런 광고를 보면서 모델처럼 되고 싶다는 자극을 받게 되고 그 결과 제품의 인지도가 높아진다.

엉덩이를 흔들며 걸으면 남녀의 성적 차이가 강조된다.

9. 골반 내밀기

의학계의 조사에 의하면 임신 가능성이 가장 높고 건강한 여성은 허리 둘레가 엉덩이 둘레의 70퍼센트 정도 된다고 한다. 이런 수치를 가진 여성은 소위 '모래시계' 모양의 몸매가 된다. 남자들은 이런 몸매에 가장 매력을 느낀다. 엉덩이 둘레와 허리 둘레가 비슷해질수록 남자의 관심이 점점 사라진다. 여자가 늘씬한 몸매를 강조하는 방법은 간단하다. 서 있을 때 골반을 살짝 옆으로 밀면 된다.

텍사스대학교의 진화심리학자 드벤드라 싱 교수는 지난 50년 동안 미스 아메리카 선발대회 참가자들과 성인 잡지 〈플레이보이〉의 누드모델들의 신체 비율을 분석했다. 그 결과 남자가 가장 매력적으로 느끼는 여성의 신체 비율은 허리 둘레가 엉덩이 둘레의 67~80퍼센트 사이였다.

골반을 살짝 내밀어 여성의 곡선미를 강조하는 자세

싱 교수는 남성 피실험자들에게 저체중, 과체중, 정상체중인 여성들의 사진을 보여주고 매력도에 따라 등급을 매기도록 했다. 정상체중에 허리 둘레가 엉덩이 둘레의 70퍼센트 정도인 여자들이 가장 매력적이라는 평가를 받았다. 과체중과 저체중인 여성들 중에서는 허리가 가장 날씬한 여성이 표를 얻었다. 여기서 주목할 만한 점은 아무리 과체중이라도 허리 둘레가 엉덩이 둘레의 70퍼센트에 가까운 여자에게 남자들이 최고 점수를 주었다는 것이다. 뚱뚱한 여자라도 엉덩이와 허리 둘레의 비율을 잘 유지하면 남자들의 시선을 끌 수 있다.

10. 핸드백 놓기

연구에 의하면 남자들은 대부분 여자의 핸드백 속을 들여다본 적이 없으며 여자는 남자가 핸드백을 만지는 것도 꺼린다고 한다. 핸드백은 여자들이 자기 몸의 일부처럼 다루는 개인 소지품이기 때문에, 여자가 남자 근처에 핸드백을 놓는 것은 친밀감의 신호로 볼 수 있다. 여자가 남자에게 매력을 느끼면 자신의 핸드백을 천천히 어루만지거나 쓰다듬기도 한다. 또 남자에게 핸드백을 집어 달라거나, 핸드백 속에서 물건을 꺼내 달라고 요청하기도 한다. 핸드백을 남자 근처에 놓고 남자에게 보거나 만질 수 있게 허용하는 것은 여자가 남자에게 관심이 있다는 강력한 신호다. 핸드백을 남자와 멀리 떨어

여자가 핸드백을 남자 근처에 두는 것은 그를
받아들인다는 뜻이다.

남자들은 이런 자세에
마음이 흔들린다.

남자들이 가장 좋아
하는 여성의 자세

진 곳에 두는 것은 감정적 거리 역시 멀다는 것을 뜻한다.

11. 무릎으로 가리키기

한쪽 다리를 다른 쪽 다리 아래 접어 넣고 무릎으로 가장 관심 가는 사람을 가리키는 자세다. 상당히 편안해하는 자세로 딱딱한 대화 분위기를 풀어주고 여자는 허벅지를 살짝 노출하기도 한다.

12. 신발 흔들기

신발을 발가락에 걸고 흔드는 것 역시 편안해하는 자세이며 신발에 발을 넣었다 뺐다 하는 행동을 보이면 남자들은 자기도 모르게 동요한다.

13. 다리 꼬기

대부분의 남자들은 여자가 다리를 꼬고 앉은 모습을 가장 매력적인 자세로 꼽는다. 여자는 이 자세를 통해 주변의 관심을 자신의 다리에 집중시킨다. 알버트 세플린에 따르면 한쪽 다리를 반대쪽 다리에 눌러 붙이면 근육이 긴장되어 보이는데, 이는 성행위를 앞둔 사람의 다리와 닮아 있다고 한다.

여자들이 사용하는 또 다른 다리 자세로는 남자 앞에서 다리를 천천히 꼬았다 풀었다를 반복하는 동작, 천천히 자신의 허벅지를 쓰다듬는 동작 등이 있다.

남자는 어디를 볼까?

남자는 건강한 생식력과 성적으로 접근이 가능한 여자에게 매력을 느낀다. 운동선수처럼 탄탄한 여자의 몸매는 남자에게 자신의 유전자를 성공적으로 재생산할 능력을 가졌다는 의미를 전달한다.

연구에 의하면 남자는 커다란 눈, 작은 코, 도톰한 입술, 볼록한 볼 등 어린아이 같은 얼굴을 가진 여자에게 끌린다. 남자의 부성애를 자극하기 때문이다. 반면 여성은 단단한 턱, 짙은 눈썹, 높은 코 등 자신을 보호해 줄 능력을 가진 어른스러운 얼굴을 선호한다.

어린아이 같은 얼굴을 한 여자는 남자의 보호 본능을 불러일으키는 호르몬 분비를 촉진한다.

아름다운 외모가 확실한 무기이긴 하지만, 타고난 미인이 아니어도 얼마든지 남자를 유혹할 수 있다. 특별히 매력적인 외모가 아닌데도 주변에 남자가 끊이지 않는 여자들이 있다. 남자들은 여자의 육체적 매력보다 자신이 접근할 수 있는 가능성에 더 많이 끌리기 때문이다. 남자에게 자신에게 접근해도 좋다는 신호를 보여주는 방법은 누구나 배울 수 있다. 물론 현대 남성이 여성의 의사소통 능력이나 자녀 양육 능력, 피아노 연주 실력 등이 아니라 외모와 접근 가능성에 먼저 끌린다는 사실에 분노하는 여성도 있을 것이다. 이런 주제 자체가 현대 여성에 대한 모욕이라고 생각할 수도 있다.

그러나 매력과 관련해 지난 60년간 실시된 모든 연구의 결과는 과거 6천 년 동안 화가, 시인, 작가들이 내린 결론과 동일했다. 남자가 여자의 지성, 재산보다는 외모와 신체조건 그리고 그런 외적 조건을 활용하는 방식에 더 끌린다는 것이다.

현실적으로 여자가 남자에게 자신의 내적인 아름다움을 보여주려면 일단 남자의 관심을 끌어야 한다. 낚시를 할 때도 내가 좋아하는 것이 아니라 물고기가 좋아하는 지렁이를 미끼로 사용한다. 아무리 역겨워 보여도 물고기한테는 지렁이가 최고의 먹이다.

미인들이 연애를 못하는 이유

사람들은 이성을 만나는 데 외모가 가장 중요하다고 생각하지만, 이것은 텔레비전과 영화, 언론들이 조장한 것이다. 아름답고 멋진 미인은 흔치 않은 존재임에도 대중매체에 의해 모든 사람이 추구해야 하는 미의 기준이 되어버렸다.

그러나 연구 결과에 의하면 대부분의 사람들이 미인을 부담스러워 하는 것으로 나타났다. 우리는 대체로 자신과 비슷한 수준의 외모를 가진 사람을 배우자로 선호한다. 아기들도 유난히 아름다운 얼굴보다 평범한 얼굴을 더 좋아하는 것으로 볼 때, 이것은 선천적인 선호로 보인다.

남자들의 시선을 집중시키는 신체 부위

남자에게 가장 끌리는 여자의 신체 부위를 꼽으라고 하면 거의 비슷한 비율로 엉덩이, 가슴, 다리라고 대답할 것이다. 여자의 몸은 종족 번식을 위해 어디서든 끊임없이 성적 신호를 발산하는 구조로 진화해 왔다. 이 과정에서 가장 중요한 역할을 담당하는 부분이 엉덩이, 가슴, 다리다. 지금부터 각 신체 부위들이 남자에게 강력한 영향을 미치는 이유에 대해 알아볼 것이다.

1. 엉덩이

남자는 동글동글한 복숭아 모양의 엉덩이를 가장 매력적이라고 생각한다. 짝짓기 시기에만 엉덩이가 커다랗게 부풀어 오르는 다른 영장류와 달리, 인간 여자는 항상 팽창한 엉덩이를 과시하며 언제든 성적 접촉이 가능하다. 이렇게 진화한 것은 주기적인 성행위를 통해

여자는 엉덩이가 항상 부풀어 있는 유일한 영장류다.

'요리는 못해요. 하지만 뭐 어때요?'

배우자와 장기적인 유대관계를 맺어야만 자식을 성공적으로 양육할 수 있기 때문이다. 21세기에도 인간은 얼굴을 마주보며 성관계를 맺는 유일한 영장류다. 다른 영장류들은 붉게 부풀어 오른 암컷의 엉덩이를 짝짓기 신호로 받아들여 수컷이 암컷의 뒤쪽에서 접근한다. 이것이 남자가 여자의 엉덩이에 끌리는 원천적인 이유다.

몸에 달라붙는 청바지가 유행하는 것도 엉덩이를 동그랗고 탄탄하게 보이게 해주기 때문이다. 하이힐을 신으면 등이 둥글게 휘면서 엉덩이가 튀어나오고 걸을 때마다 엉덩이가 씰룩거려 남자의 시선을 집중시킬 수 있다. 마릴린 먼로는 섹시한 걸음걸이를 위해 왼쪽 구두 굽을 2센티미터 정도 잘라내고 신었다고 한다.

2. 가슴

유방 확대 수술과 가슴골을 강조하는 속옷 등은 수십억 달러 규모의 산업이 되었다. 거의 전 세계가 가슴에 대한 강박적 집착을 보이고 있다고 해도 과언이 아니다. 인간의 가슴은 땀샘이 확대된 것에 불과하다는 사실을 생각해 보면 참으로 놀라운 일이다.

둥근 모양의 여성 가슴은 대부분이 지방으로 이루어져 있기 때문에 가슴의 존재 목적을 성적 신호를 발산하기 위함으로 보는 관점이 있다. 가슴은 여자의 뒷모습을 자기모방한 것으로, 인간이 네 발로 걷던 원시 시대의 유물이라 할 수 있다. 만약 원숭이나 침팬지가 두 발로 서서 똑바로 걷는다면 당신은 암컷인지 수컷인지 구분하기 힘들 것이다. 인간 여자는 자신의 성을 확실히 나타내기 위해서 가슴이 엉덩이를 모방하도록 진화했다. 엉덩이의 갈라진 부분과 가슴

모나리자가 미국에서 이 주일만 살면 이렇게 변할 것이다.

골을 찍은 사진을 남자들에게 보여준 결과, 대부분 그 차이를 구분하지 못했다.

가슴을 올려주는 속옷을 착용하고 앞이 깊게 파인 옷을 입으면 가슴골이 드러나면서 성적으로 어필된다. 조사에 의하면 남자들은 유방의 형태와 크기를 가리지 않는 것으로 나타났다. 가슴이 레몬만큼 작든 수박만큼 커다랗든 일반적인 예상과 달리 크게 신경을 쓰지 않는다. 대부분의 남자는 가슴골에 열광한다. 여자는 상대 남자가 마음에 들면 두 팔로 가슴을 모으고 몸을 앞으로 기울이려 한다. 그러면 가슴골이 선명해지기 때문이다.

남자는 여성의 성적·신체적 능력이 가장 왕성한 시기의 가슴을 가장 선호한다. 그래서 남성 전용 잡지의 누드 화보와 성적으로 자극하는 광고에 등장하는 모델들의 연령대가 10대 후반에서 20대 초반인 것이다.

3. 긴 다리

남자가 여자의 긴 다리를 사랑하는 데는 생물학적 이유가 있다. 여자아이가 사춘기가 되면 호르몬이 분비로 인해 다리가 급격히 길어진다. 긴 다리는 여자가 성적으로 성숙해 임신 가능한 나이가 되었음을 알리는 강력한 비언어적 신호다. 따라서 긴 다리는 항상 강한 여성성을 상징한다.

굴곡진 긴 다리는 여성의 성적 매력을 상징한다.

남자가 하이힐을 신은 다리를 좋아하는 것도 하이힐을 신으면 다리가 길어 보이고 엉덩이가 튀어 나오고 발이 더 작아 보이고 골반이 앞으로 내밀어져 성적 매력이 부각되기 때문이다.

대부분의 남자들은 젓가락처럼 비쩍 마른 다리보다는 통통하고 균형 잡힌 다리를 더 좋아한다. 여성의 각선미 역시 남녀의 성적 차이를 강조하고 모유수유 능력을 나타내기 때문이다.

남자의 구애 신호와 몸짓

남자는 부와 힘, 지위를 과시하는 몸짓으로 구애 신호를 보낸다. 여자가 화장을 하고 관능적인 옷을 입고 다양한 구애 몸짓을 선보일 때, 남자는 자동차 속도를 높이고 수입을 자랑하고 다른 남자와 경쟁을 한다. 남자의 구애 방식은 강에서 큰 막대기를 들고 물고기 머리를 때려잡으려는 사람만큼이나 비효율적이다. 반면 여자들은 남자들이 상상도 할 수 없을 정도로 많은 미끼와 낚시 기술을 갖고 있다.

가장 흔히 접할 수 있는 남자의 구애 신호들은 거의 사타구니와 관련 있다. 남자들은 대부분 짝짓기 게임에 필요한 신호를 주고받는 데 익숙하지 않다. 따라서 여자가 규칙을 만들고 게임을 통제한다. 남자들은 대개 눈에 보이는 신호에 반응하는 정도일 뿐이다.

일부 잡지들은 최근 외모에 관심을 갖는 남자들이 늘어나면서 남자들의 구애 기술도 향상되고 있다고 주장한다. 피부관리는 물론이고 손톱과 발톱 손질, 머리 염색, 치아 교정에 화장까지 하는 남자들도 이제 흔히 볼 수 있다. 하지만 이런 변화는 남자들의 허영심이 높아졌다는 뜻이지, 여자의 구애 신호를 읽어내는 능력이 향상되었다는 의미가 아니다.

한 연구조사에 따르면 여자가 남자에게 가장 듣고 싶은 말은 '사랑해'가 아니라 '살 빠졌네'라고 한다.

대부분의 수컷 동물처럼 인간 남성도 짝이 될 만한 이성이 나타나면 몸단장을 한다. 자동적인 생리 반응 외에도 꽉 조인 옷깃을 풀거나 셔츠나 외투 등을 만지며 옷매무새를 정돈한다. 어깨에 있지도 않은 먼지를 털기도 하고 소맷부리나 시계를 만지작거리기도 한다.

1. 수다쟁이가 되다

많은 남자들이 여성의 마음을 얻기 위해 개인적인 일상이나 시시콜콜한 이야기를 계속한다. 그러나 연애 초반에는 수다스럽던 남자도 신혼여행만 다녀오면 원래의 과묵한 모습으로 돌아가곤 한다. 말을 한다고 해도 그 내용은 사실과 정보, 문제를 해결하는 방법 정도다.

2. 사타구니에 집착하다

남자가 여자를 향해 취할 수 있는 가장 직접적인 성적 표현은 공격적으로 엄지를 허리띠에 걸고 가랑이를 강조하는 동작이다. 또 몸과 발끝을 모두 여자 쪽으로 향한 채 친근한 시선으로 여자를 응시하며 평소보다 오래 눈을 맞춘다. 자리에 앉아 있거나 벽에 기대고 있다면 다리를 벌려 사타구니를 과시하기도 한다.

개코원숭이나 몇몇 영장류의 수컷들은 성기를 과시하며 자신의 지배권을 표출한다. 다리를 쫙 벌려 성기를 내보이고 이따금씩 만지면서 지속적으로 자신의 지위를 주장한다. 인간 남성들도 비슷한 방식으로 남성성을 과시하는데, 개코원숭이와 똑같은 방법으로 했다가는 철창 신세를 면할 수 없을 테니 훨씬 더 미묘한 몸짓을 사용한다.

15세기에는 제법 노골적인 코드피스codpiece(15~6세기 유럽의 남자들이 바지 앞부분에 차던 장식용 천)가 유행했다. 이것은 남자의 성기 크기를 강조하여 결과적으로 사회적 지위를 과시하기 위한 장치였다.

21세기에도 뉴기니 원주민들은 여전히 성기 과시용 장신구를 착용하고 서구 남성들은 꽉 끼는 바지와 손바닥 만한 삼각 수영복, 가랑이 앞에 늘 어뜨린 열쇠 뭉치나 허리띠 자락 등을 이용한다.

춤을 추면서 가랑이를 움켜쥐는 동작은 사타구니 과시의 다소 노골적인 형태다.

허리춤에 물건을 매달고 있으면 이따금 위치를 바로잡기 위해 가랑이 쪽에 손을 댈 수밖에 없다. 여자들은 남자들이 아무렇지도 않게 그런 행동을 자주 하는 것을 보면 깜짝 놀란다. 영장류 수컷들은 모두 이런 행동을 하는데 방법의 차이가 있을 뿐 의미는 같다.

남자의 공공연한 성적 과시 행동 중 가장 흔히 볼 수 있는 것이 사타구니 만지기다. 남자가 대화를 나누다가 별다른 이유도 없이 사타구니에 손을 대거나 긁는다고 불평하는 여자들이 많다. 이 몸짓은 성기가 너무 거대해서 혈액 순환이 차단되지 않도록 계속 주의를 기울여야 한다는 의미가 숨어 있다.

3. 넥타이를 비뚤게 매다

당신이 남자인데 여자가 당신에게 관심이 있는지 알고 싶다면 양복을 단정히 차려입되 넥타이는 약간 비뚤게 매고 한쪽 어깨에 작은 보풀을 하나 얹어 보라. 그녀가 당신에게 호감을 느낀다면 당장 다가와서 보풀을 떼고 넥타이를 바로 잡아줄 것이다.

여자들의 시선을 집중시키는 신체 부위

여자도 남자의 특정 신체 부위를 보면 성적으로 흥분한다. 여자들이 가장 선호하는 남자의 신체 부위는 다리와 엉덩이, 가슴, 팔이다. 특히 엉덩이가 전체 응답의 40퍼센트로 1위를 차지한다. 이번에는 남자의 각 신체 부위가 여자에게 영향을 미치는 이유를 살펴보자.

1. 넓은 어깨와 가슴, 근육질의 팔

여자는 어깨가 좁고 골반이 넓은 반면, 사냥을 하는 남자들은 상체가 넓고 골반이 좁다. 남자의 역삼각형 체형은 멀리까지 무거운 무기를 끌고 나갔다가 사냥감을 짊어지고 돌아오기 위해 진화된 것이다. 또 사냥감을 쫓아 달릴 때 더 효과적인 호흡을 할 수 있도록 폐가 확대되면서 가슴도 넓어졌다. 과거에는 남자가 가슴이 넓을수록 더 존경받으며 많은 권력을 차지했는데, 현대에도 원시 생활을 하는 부족들 사이에서는 비슷한 문화가 남아 있다.

2. 작고 탄탄한 엉덩이

전 세계 모든 여성들이 남자의 작고 탄탄한 엉덩이를 좋아하지만, 그 이유를 아는 사람은 별로 없다. 비밀은 탄탄한 근육질 엉덩이가 성관계 중 강력한 삽입 운동으로 정자를 전달하는 데 유리하다는 것을 상징하기 때문이다.

3. 좁은 골반과 근육질의 다리

여자는 남자의 다리가 체력과 지구력을 상징하기 때문에 매력을 느낀다. 남자는 영장류 중 다리가 가장 길고 날렵하고 강하며 좁은 골반 덕분에 오랜 시간 추격과 사냥이 가능하다. 골반이 넓은 여자는 몸의 균형을 유지하려면 다리를 양쪽으로 벌려야 하기 때문에 빨리 달리지 못한다. 미국의 신경심리학자인 드벤드라 싱 박사는 남자의 허리 둘레가 엉덩이 둘레의 90퍼센트일 때 여자가 가장 매력을 느낀다는 사실을 발견했다.

15장

자리

어디에 앉을 것인가,
왜 그 자리에 앉는가

태도는 사실보다 중요하다.

— 칼 메닝거

어디에 앉는가에 따라 상대의 협조를 얻는 데 성공할 수도 실패할 수도 있다. 또 상대가 앉은 위치를 보면 당신에 대해 어떤 태도를 갖고 있는지도 알 수 있다.

우리는 세미나 참석자를 대상으로 직접 제작한 설문지를 돌려 특정 태도를 전달하려면 회의 테이블의 어디에 앉는 것이 가장 효과적인지 조사했다. 앉는 자리에 관한 중요한 연구는 캘리포니아대학교의 심리학자 로버트 솜머에 의해 이루어졌다. 그는 술집이나 식당 같은 공개적이고 사교적인 장소에서 어린아이와 학생들의 모습을 분석했다. 우리는 솜너의 연구를 참고하여 업무 상황 및 협상 상황에서 사람들이 앉는 위치를 분석했다. 문화권이나 인간관계에 따라 다소 차이는 있을 수 있지만, 일상적인 상황에서 가장 쉽게 접할 수 있는 좌석 배치를 정리했다.

버몬트대학교의 마크 냅은 저서 《인간관계의 비언어적 의사소통 Non-Verbal Communication in Human Interaction》에서 사람들이 좌석을 선택할 때 환경에 영향을 받는다고 지적했다. 중산층을 대상으로 실시한 조사에 따르면 대중적인 술집에 갔을 때와 고급 식당에 갔을 때 앉는 자리가 달라진다는 것을 알 수 있었다. 의자가 놓여 있는 방향과 탁자와의 거리도 자리 선택에 영향을 미칠 수 있다. 예를 들어 연인들은 가능하면 어디서나 서로의 옆자리에 앉고 싶어 하지만, 식탁들이 다닥다닥 붙어 있는 복잡한 식당에서는 어쩔 수 없이 보통 방어적 위치라고 하는 마주 보는 자세로 앉게 된다.

이런 사실들을 유념하면서 직장이나 사회적 모임 등 다양한 환경에서 사람들이 자리를 선택하는 모습을 살펴보자.

탁자 실험

직사각형 탁자에 A라는 사람이 앉아 있고, B인 당신이 자리를 골라 앉아야 한다. 다음 각각의 상황에서 당신은 어떤 자리를 선택할까?

- 단란한 분위기의 소규모 회사에 입사 면접을 보러 왔다.
- 십자퍼즐을 푸는 친구를 도와주려고 한다.
- 상대와 체스를 두려 한다.
- 공공도서관에 왔는데 방해를 받고 싶지 않다.

다음 페이지의 그림을 보고 앉고 싶은 자리를 골라 보자. 위의 상황에 대부분은 이렇게 대답했을 것이다.

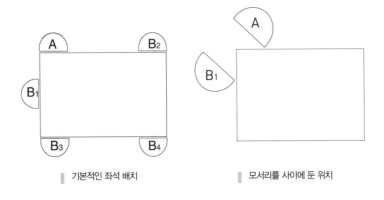

| 기본적인 좌석 배치 | 모서리를 사이에 둔 위치 |

입사 면접을 보러 왔다면 B1을 골랐을 것이다. B3에 앉으면 공격적 혹은 경쟁적이라는 인상을 줄 것이다. B2에 앉으면 필요 이상으로 친근한 척한다고 오해를 받을 수도 있다. B1에 앉으면 적당한 거리감과 함께 상대를 확실히 볼 수 있다. 십자퍼즐 풀이를 도우려 한다면 협조적 위치인 B2에 앉는다. 도움을 주거나 신뢰를 형성하는 데 좋은 자리다.

상대와 체스를 두려 한다면 B3를 골랐을 것이다. 상대와 경쟁을 할 때 선택하는 경쟁적·방어적 위치다. 상대의 얼굴과 행동을 정면에서 관찰하기 적절하다. 마지막으로 도서관에 왔는데 방해받고 싶지 않다면 대각선 위치인 B4에 앉을 것이다.

B1: 모서리 위치

우호적이고 허물없는 대화를 나누는 사람들이 주로 앉는 자리다. 서로 눈을 맞추기도 편하고 다양한 몸짓을 할 수 있으며 상대방의 몸짓도 살펴볼 수 있다. 혹시 한 사람이 위협을 느낀다면 탁자 모서리가 약간의 장벽 구실을 한다. B가 A를 상대로 발표를 한다면 전략적으로 가장 효과적인 자리다. 의자만 B1 자리로 이동해도 긴장된 분위기를 해소하고 긍정적인 결과를 유도할 수 있다.

B2: 협조적 위치

생각이 비슷하거나 같은 임무를 수행 중인 사람들이 주로 이 위치에 앉는다. 우리의 조사에서 전체 응답자의 55퍼센트가 이 자리를 가장 협조적인 위치로 꼽았고 다른 사람과 공동 작업을 할 때 본능적으로 이 자리를 골랐다.

이 자리는 상대와 눈을 맞추며 서로의 몸짓을 흉내낼 수 있기 때문에 자기 의견을 발표하고 상대의 허락을 얻어내기에 최적의 자리다. 하지만 B가 B2 자리로 이동할 때 A에게 개인 공간을 침범하는 느낌을 주지 않도록 주의해야 한다.

이 자리는 영업사원이 고객과의 두 번째 만남에 전문 기술자를 대동하는 경우처럼, B가 제3의 인물을 협상에 참여시킬 때도 유용하다. 그런 경우는 아래 오른쪽의 그림과 같은 자리 배치가 효과적

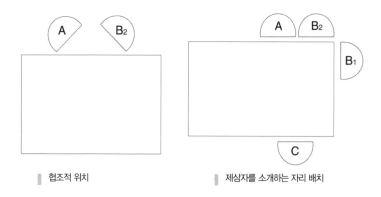

협조적 위치   제삼자를 소개하는 자리 배치

이다. 전문 기술자를 고객 A의 맞은편인 C에 앉히고 영업사원은 B2(협조적 자리)나 B1(모서리 자리)에 앉는다. 이렇게 하면 영업사원이 고객의 입장에서 전문 기술자에게 고객 대신 질문을 던질 수 있다. 그래서 이런 자리 배치를 '적의 편에 서기'라고도 한다.

B3: 경쟁적·방어적 위치

이 자리에 앉으면 서부의 총잡이들처럼 경쟁 상대와 서로 마주하게 된다. 탁자를 사이에 두고 있기 때문에 방어적이면서 경쟁적인 분위기가 조성된다. 탁자가 두 사람 사이에 견고한 장벽 역할을 하여 더욱 서로의 주장만 고집하게 된다.

업무적 상황일 경우 응답자의 56퍼센트가 이 자리를 경쟁적이라고 생각했지만 식당 등 사교적 상황일 경우에는 35퍼센트가 대화를 나누기에 적합한 위치라고 답했다. 식당에서 데이트를 하는 연인들도 이런 식으로 자주 앉는데 시선 교환에도 편리하고 서로 마주보면서 남녀의 성적 차이를 강조할 수도 있다. 반면에 업무적 상황에서는 서로 경쟁을 할 때나 상사가 부하직원을 질책할 때 주로 이런 식으로 앉는다. 만약 A가 자리를 이런 식으로 배치했다면, A가 B를 상대로 지배-복종의 관계를 구축하려는 것일 수도 있다.

미움 받는 상사

업무적 상황에서 경쟁적·방어적 위치에 앉으면 대화의 길이가 짧아지고 대화 내용도 잘 기억하지 못할뿐더러 논쟁을 벌일 확률이 높아지는 것으로 밝혀졌다.

A.G.화이트에 의하면 병원 진료실에 책상이 있는지 없는지에 따라 환자들이 긴장하는 정도가 달라진다고 한다. 의사가 책상 뒤에 앉아 있을 때는 편안한 마음으로 진료를 받은 환자가 10퍼센트에 불과했다. 하지만 책상 앞으로 나오자 비율이 55퍼센트로 치솟았다.

우리는 244명의 고위 관리자와 127명의 중간·하급 관리자를 대상으로 새 사무실로 옮긴다면 가구 배치를 어떤 식으로 하고 싶은지 그림으로 그려서 달라고 했다. 고위 관리자의 76퍼센트(185명)가 자신과 부하 직원들 사이에 책상을 배치했고 하급 관리자들의 50퍼센트(64명)가 그와 같은 답을 했다. 또 남성과 여성으로 구분했을 때는 여성 관리자의 2배나 되는 남성 관리자들이 다른 사람과의 사이에 책상을 배치하겠다고 답했다.

가장 흥미로운 점은 책상을 중간에 배치하지 않은 관리자에 대한 부하직원들의 인식이었다. 부하직원들은 그런 관리자들을 부하들의 의견을 존중하고 개방적이며 차별이나 편애가 적은 공정한 상사라고 평가했다.

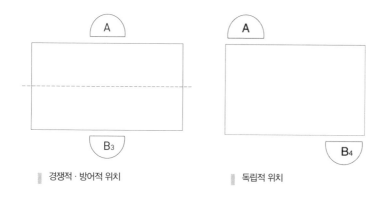

경쟁적 · 방어적 위치   독립적 위치

B가 A를 설득하려는 상황에서 경쟁적 위치에 앉으면 협상이 실패할 확률이 높다. 그러나 의도적으로 A의 정면에 앉는 전략을 쓸수도 있다. 예를 들어 관리자 A가 경쟁적 자리에 앉아서 부하직원 B를 질책하면 더욱 엄하게 느껴질 수 있다. 반면에 B가 A에게 우월감을 느끼게 하고 싶을 때 일부러 A의 정면에 앉을 수도 있다.

어떤 분야에 종사하든 사람을 상대하는 일을 할 때는 타인의 의견을 파악하고 편안한 분위기를 조성하여 당신과의 만남을 기분 좋게 만들어야 한다. 경쟁적 위치에 앉으면 그런 결과를 얻기 어렵다. 상대의 협조를 얻고 싶다면 경쟁적 위치보다는 모서리 위치와 협조적 위치가 유리하다.

B4: 독립적 위치

서로 소통하고 싶지 않은 사람들이 독립적 위치에 앉는다. 도서관이나 공원 벤치, 식당 등 낯선 사람들 모여 있는 장소에서 자주 볼 수있다. 어떤 의견이나 아이디어에 대해 반대한다는 뜻을 나타낼 때 선택하는 자리이기도 하다. 응답자의 42퍼센트가 이 자리를 택하는 것이 상대에 대해 냉담함, 무관심, 적대감을 나타낸다고 답했다. 사람들과 마음을 열고 의견을 교환하고 싶다면 이 자리는 피하는 것이 좋다.

중요한 것은 말보다 자리다

앞에서 설명했듯이 직사각형 탁자는 사람들 사이에 경쟁적 혹은 방

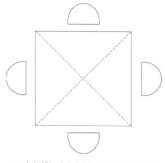

정사각형 탁자에서는 모든 사람이 경쟁적 위치이자 모서리 위치에 앉게 된다.

원탁에 지위가 높은 사람이 끼어 있으면 권력 분배에 왜곡이 생긴다.

어적 관계를 조성한다. 모든 사람이 똑같이 각자의 공간과 모서리를 차지하기 때문이다. 균등한 크기의 영역을 가지게 되면 모두 자신의 주장을 고집하면서 맞은편 상대와 맞서게 된다.

정사각형 탁자는 짧은 대화를 하거나 지배-종속 관계를 구축하는 데 이상적이다. 협조적 관계는 대부분 옆자리 사람과 이루어지는데, 오른쪽에 앉은 사람이 왼쪽에 앉은 사람보다 더 협조적인 경향이 있다.

자신의 오른쪽에 있는 사람이 나를 해치려 한다면 그는 왼손을 써야 하므로 공격하기 어렵다. 그래서 옛날부터 우리는 자신이 총애하는 사람을 가리켜 '오른팔'이라 불렀으며, 무의식적으로 왼쪽보다 오른쪽에 있는 사람에게 더 큰 권력을 부여한다.

아더 왕과 원탁의 기사들

아더 왕은 기사들에게 똑같은 권력과 지위를 부여하기 위해 원탁에 모여 앉았다. 원탁은 격식 없는 편안한 분위기를 조성하고 모두가 같은 크기의 영역을 차지하기 때문에 동등한 지위의 사람들이 논의를 하는 데 이상적이다.

전 세계적으로 둥근 원은 통합과 권위를 상징하기 때문에 둥글게 둘러앉는 것만으로도 원탁에 앉은 효과를 낼 수 있다. 그러나 아무리 아더 왕이라도 원탁에 절대적으로 지위가 높은 사람이 있으면 역학관계가 바뀐다는 사실을 알지 못했다. 최고의 권력을 쥔 왕의 바로 옆에 앉은 기사들은 암묵적으로 왕 다음의 지위를 갖게 되고 왕의 오른쪽에 앉은 기사는 왼쪽에 앉은 기사보다 더 많은 권력을 갖게 된다.

아더 왕의 정면에 앉은 기사는 경쟁적·방어적 위치가 되므로 말썽을 일으킬 확률이 가장 높다. 우리의 조사에서 응답자의 68퍼센트가 원탁에서 마주보고 앉은 사람을 경쟁 상대로 보았다. 또 56퍼센트가 마주보고 앉는 사람이 공공 도서관에서처럼 상대에 대해 관심이 없는 사람이라고 생각했다. 바로 옆에 앉은 사람에 대해서는 71퍼센트가 우호적으로 대화나 협조가 가능할 것이라고 답했다.

경영자들은 업무를 보거나, 간단한 대화를 나누거나, 부하직원을 질책할 때 주로 직사각형 탁자를 이용한다. 원형 탁자는 편안한 분위기를 조성하거나 상대를 설득할 때, 커피 탁자로 쓸 때 사용한다. 부모가 권위적이지 않은 민주적인 가정에서도 원형 식탁을 사용하는 경우가 많다. 정사각형 탁자는 매점이나 휴게실 등에서 자주 쓰인다.

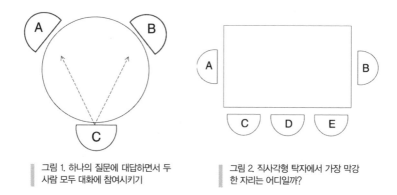

그림 1. 하나의 질문에 대답하면서 두 사람 모두 대화에 참여시키기

그림 2. 직사각형 탁자에서 가장 막강한 자리는 어디일까?

모두의 관심을 끌어당기기

위의 그림 1에서 당신은 C이며, A와 B 두 사람과 원탁에 삼각형을 이루고 앉아 이야기를 나누고 있다고 가정해 보자. A는 말도 많고 질문도 많은 반면, B는 내내 침묵을 지키고 있다. A가 당신에게 질문을 할 때 어떻게 해야 B에게 소외감을 주지 않고 대화를 유도하면서 대답을 할 수 있을까? 간단하지만 효과적인 기술은 다음과 같다. A가 질문을 하면 A를 쳐다보면서 대답을 시작한다. 다음엔 B, 다시 A, 그리고 B 순서로 대답이 끝날 때까지 A와 B를 번갈아 보면서 이야기한다. 그리고 답변을 마무리할 때 A를 쳐다본다.

이 기술을 사용하면 B에게 대화에 참여하고 있다는 느낌을 줄 수 있다. 특히 B를 당신 편으로 만들어야 할 때 유용한 기술이다.

상석의 불문율

문화권에 상관없이 그림 2의 A 자리는 항상 가장 막강한 영향력을 행사하는 사람이 앉게 된다. 지위가 비슷한 사람들이 모여도 출입문을 등지고 있지 않는 한 A의 영향력이 가장 크다.

만약 A가 출입구를 등지고 있다면 B가 가장 영향력 있는 존재이자 A의 강력한 경쟁상대일 것이다. 스트로트벡과 후크는 배심원단의 대표 선출 과정을 조사한 결과 상석에 앉은 사람이 대표로 선출될 확률이 가장 높다는 사실을 발견했다. 그 사람이 경제적으로 부유해 보이는 경우에는 확률이 더 높아졌다.

A가 가장 막강한 권력을 가진다면, 그 다음 권력은 B-D-C 순으로 이어진다. A와 B가 업무 중심적인 자리라면, D는 집단 내의 인간관계와 모든 사람의 대화 참여를 중시하는 감정적인 지도자(여성인 경우가 많다.)의 자리로 인식된다. 이런 정보를 바탕으로 참석자의 자리를 미리 정한다면 회의 테이블에서 벌어지는 파워게임을 어느 정도 통제할 수 있을 것이다.

우등생은 선생님 왼쪽에 앉는다

온타리오교육연구소의 존 커쉬너 박사는 교사들을 대상으로 15분 동안 매 30초마다 어느 방향을 바라보는지 연구했다. 그 결과 교사들은 자신의 오른쪽에 있는 학생들을 거의 무시하는 것으로 밝혀졌다. 교사들은 전체 시간의 44퍼센트는 정면을 보고, 39퍼센트는 왼쪽을 바라보았고 오른쪽을 응시한 시간은 17퍼센트에 불과했다.

또 교사의 왼쪽에 앉은 학생들이 오른쪽에 앉은 학생들보다 받아쓰기 성적도 뛰어나고 야단도 덜 맞는 것으로 밝혀졌다. 우리의 연구 결과에서도 영업사원이 고객의 오른쪽보다 왼쪽에 앉았을 때 거래 성공률이 더 높았다.

따라서 자녀를 학교에 보낼 때는 선생님의 왼쪽에 앉으라고 가르치고 아이가 성인이 되어 회의에 참석할 때는 가장 지위가 높은 사람의 오른쪽에 앉아야 한다고 가르쳐라.

우리 집 식탁 모양은?

어떤 모양의 식탁도 들여놓을 수 있을 만큼 공간이 충분하고 가족들이 오랜 시간 고민하여 식탁을 선택했다는 가정하에, 식탁을 보면 그 가정의 권력 분배도를 짐작할 수 있다. 개방적인 가정은 원형 식탁을, 폐쇄적인 가정은 정사각형 식탁을, 권위적인 가정은 직사각형 식탁을 사용할 것이다.

디너파티를 열 기회가 생기면 이런 실험을 해보라. 가장 수줍고 내성적인 손님을 출입구에서 가장 멀고 벽을 등진 식탁의 상석으로 안내하는 것이다. 놀랍게도 권력자의 자리에 앉아 있다는 이유만으로 말도 많아지고 권위적인 태도를 보일뿐더러 다른 사람들도 그에게 더 많은 관심을 보일 것이다.

청중을 울리는 자리

혹자는 사람들이 죽기보다 대중 앞에 서서 말하기를 더 두려워한다고 한다. 장례식에 참석한다면 추도사를 낭독하느니 차라리 관 속에 누워 있는 편이 낫다는 셈이다.

청중 앞에서 연설을 할 때는 청중이 어떤 식으로 정보를 받아들이고 기억하는지 고려해야 한다. 첫째, 청중에게 절대 두렵고 불안하다는 말을 해선 안 된다. 그러면 청중은 당신에게서 불안을 드러내는 보디랭귀지를 찾기 시작할 것이고 틀림없이 찾아낼 것이다. 당신이 말하기 전에는 아무도 당신이 불안해 한다고 생각하지 않는다. 둘째, 아무리 두려워도 자신감 넘치는 몸짓을 보여라. 손가락 끝을 뾰족하게 마주 세우거나, 주먹을 쥐었다 펴거나, 가끔씩 엄지도 내밀어 보이되 팔짱은 끼지 않도록 하라. 청중을 향해 손가락질을 하거나 얼굴을 만지거나 연단을 움켜쥐는 행동도 피해야 한다.

연구에 의하면 맨 앞줄에 앉은 사람들이 뒤에 앉은 사람들보다 강연 내용을 더 많이 배우고 기억한다. 배우려는 열정이 강한 사람들이 주로 맨 앞줄에 앉는 데다 연사의 시선을 의식해 강연에 더 집중하기 때문이다.

질문을 가장 많이 하는 것은 중간에 앉은 사람들이다. 사방이 사람들로 둘러싸여 있어 안전한 느낌이 들기 때문이다. 관중석의 가장자리와 뒷자리는 집중력이 가장 낮고 반응도 별로 보이질 않는다.

연사가 청중의 왼쪽(무대의 오른쪽)에 선다면, 연사가 이야기하는 정보는 감정을 담당하는 우뇌에 강한 영향을 미친다. 반면에 청중의 오른쪽(무대의 왼쪽)에 선다면 좌뇌에 강한 영향을 미친다. 따라서 연사가 유머를 던질 때는 무대 왼쪽에 서야 청중이 더 많이 오래 웃는다. 반면 감동적인 이야기는 무대 오른쪽에서 해야 강한 반응을 이끌어낼 수 있다. 코미디언들은 '왼쪽에서 웃기고 오른쪽에서 울려라'라는 말을 항상 명심하고 있다.

주의집중 영역

우리는 청중의 좌석 배치에 따라 강의 참여도나 강연 내용을 기억하는 양이 얼마나 달라지는지 측정해 보았다. 호주, 싱가포르, 남아프리카공화국, 독일, 영국, 프랑스, 핀란드 등 나라가 달라도 결과는 비슷했다.

다음 그림에서 보듯이 교실 형태의 강연장에 청중들이 앉아 있을 경우 앞줄과 객석 한가운데를 포함하는 깔때기 모양의 '학습 영역'이 형성되었다. 이 깔때기 모양의 영역에 앉은 청중들이 참여도가 가장 높고 연사와 질문을 적극적으로 주고받았으며 강연 내용을 가장 많이 기억했다. 반면에 가장자리나 뒤쪽에 앉은 청중들은 참여도가 낮았고 부정적이고 적대적인 반응을 보였으며 강연 내용도 거의 기억하지 못했다. 게다가 졸거나 몰래 빠져나가는 사람도 있었다.

요컨대 발표를 하거나 수업을 진행할 때 꼭 메시지를 전달하고 싶은 대상이 있다면 맨 앞줄에 앉혀라. 소규모 집단을 상대로 교육할 때 전통적인 교실 형태에서 벗어나 말발굽 모양(U자) 혹은 한쪽

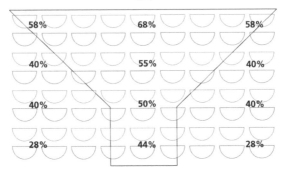

58%   68%   58%

40%   55%   40%

40%   50%   40%

28%   44%   28%

좌석에 따른 참석자의 정보 기억도과 참여도

이 뚫린 사각형 모양의 좌석 배치를 선호하는 연사들이 늘고 있다. 이렇게 좌석을 배치하면 연사와 모든 참석자 사이의 시선 교환이 늘어나 참여도와 기억력을 높일 수 있기 때문이다.

식사 자리에서 업무 이야기는 재앙이다

앞에서 언급한 개인 공간과 정사각형, 직사각형, 원형 탁자의 사용 방법에 대한 내용을 떠올리면서 식당에 식사할 때 벌어질 수 있는 역학 관계를 살펴보자. 단, 이때 당신의 목표는 상대방으로부터 호의적인 반응을 끌어내는 것이다.

만약 저녁 식사를 하면서 거래를 할 생각이라면 음식이 나오기 전에 대화를 대충 끝내는 것이 현명한 전략이다. 식사가 시작되면 대화가 끊기고 여기에 술이라도 마시면 두뇌 활동이 둔해진다. 식사를 마치면 소화를 위해 혈액이 뇌에서 위장으로 몰리면서 명확한 사고가 힘들어진다. 데이트할 때 이런 효과를 기대하는 남자도 있겠지만 업무적 상황에서는 재앙이 될 수 있다. 모든 사람이 말짱한 정신일 때 업무를 진행해야 한다.

입에 음식을 잔뜩 물고 중요한 결정을 내리는 사람은 없다.

원시 시대 남자들은 해가 지면 사냥감을 가지고 돌아와 동굴 안에서 함께 둘러앉아 고기를 나눠 먹었을 것이다. 동굴 입구에는 짐승을 쫓고 따뜻하게 하기 위해 불을 피웠다. 모두 식사에 빠져 있는 동안 뒤에서 공격받지 않도록 동굴 벽을 등지고 앉았다. 들리는 소리라곤 고기 뜯는 소리와 불꽃이 타닥거리는 소리뿐이었다. 해질녘 모닥불 주위에 둘러앉아 음식을 나눠 먹던 원시인의 풍습이 바비큐 파티와 저녁 식사 모임 같은 현대인의 사교 모임으로 진화했다. 그래서 여럿이 모이는 식사 자리에서 현대인들도 원시 시대 조상들과 비슷한 행동을 한다.

앞서 논의하던 식당이나 저녁 식사 모임으로 돌아가 보자. 유리한 결정을 끌어내려면 상대방이 편안하고 경계 태세를 늦추었을 때를 노려야 한다. 이를 위해서는 조상들의 행동을 유념하면서 다음 몇 가지 규칙을 따르면 된다.

첫째, 식사를 할 때 반드시 상대방을 단단한 벽이나 차단막을 등지고 앉게 하라. 연구에 의하면 사람들이 돌아다니는 열린 공간을 등지고 앉으면 누구나 긴장하기 때문에 호흡, 심박, 뇌파, 혈압 등이 급격히 상승한다. 그런 자리는 상대를 불안하거나 당황스럽게 만들고 싶을 때 이용하면 좋다.

둘째, 은은한 조명과 조용한 배경 음악이 준비된 곳이 좋다. 최고급 식당들은 입구 근처에 벽난로나 모형 모닥불 등을 설치해 원시 시대의 모닥불과 같은 효과를 낸다. 상대의 주의를 집중시키고 싶다면 원형 탁자에 칸막이나 커다란 화분 등으로 가려진 자리를 선택하는 것이 좋다.

고급 식당들이 손님에게 편안한 분위기를 제공하거나 연인들이 낭만적인 분위기 조성을 원할 때 이 기술을 활용하고 있다. 밝은 조명 아래, 낯선 사람들이 사방에 돌아다니고 접시와 나이프, 포크가 부딪히는 소리가 요란한 식당에서는 원하는 결론을 얻기 힘들다.

16장

직장

면접, 상사와 직원
그리고 사무실의 정치학

처음의 큰 웃음보다는
마지막의 미소가 오히려 낫다.

— 영국 속담

어찌 보면 면접이란 상당히 비생산적인 과정이다. 면접관에게 좋은 첫인상을 남기면 취업 성공률이 높아지기 때문이다. 이력서에서 빼곡히 적은 정보들은 결국 대부분 잊히고 기억에 남는 것은 지원자가 면접관에게 남긴 인상뿐이다.

톨레도대학교의 프랭크 베르니에리 교수는 다양한 연령과 출신 배경을 지닌 입사 지원자들의 면접 장면을 분석했다. 면접관들은 20분의 면접 시간 동안 각 지원자의 야망과 지적 능력, 경쟁력 등에 따라 점수를 매겼다. 면접이 끝나고 녹화한 영상을 피실험자 집단에게 처음 15초 정도만 보여주었다. 실험 결과 피실험자들이 15초 동안 받은 인상이 면접관들이 20분 동안 받은 인상과 거의 일치하는 것으로 밝혀졌다.

이 연구를 보면 첫인상을 만회할 기회는 좀처럼 얻기 힘들며 전체적인 보디랭귀지가 면접에 결정적인 영향을 미친다는 점을 다시 한번 확인할 수 있다.

좋은 첫인상을 남기는 방법

당신이 면접을 앞두고 있다고 가정하자. 면접관에게 좋은 첫인상을 남기고 싶다면, 첫인상의 90퍼센트가 처음 만난 지 4분 안에 결정된 다는 사실을 꼭 기억하자. 그리고 첫인상의 60~80퍼센트는 비언어적 요소의 영향을 받는다. 면접에서 좋은 첫인상을 남길 수 있는 9가지 방법을 소개한다.

1. 대기실

가능하면 외투를 벗어 안내원에게 맡기는 것이 좋다. 옷을 안고 면접장에 들어가면 둔하고 서툴러 보인다. 대기실에서는 절대 앉지 말고 계속 서 있어라. 안내원은 자꾸 앉으라고 권할 것이다. 하지만 뒷짐을 지고 서서(자신감), 천천히 몸을 앞뒤로 흔들거나(자신감, 차분함), 양손 끝을 뾰족하게 맞대는 자세를 취하라. 이런 몸짓을 사용하면 안내원이 계속 당신의 존재를 의식하게 된다.

2. 입구

상대는 사무실에 들어서는 모습만 봐도 당신이 어떤 대우를 기대하고 있는지 알아차린다. 안내원이 들어가도 좋다는 신호를 하면 망설이지 말고 당당하게 들어가라. 교장선생님에게 야단 맞으러 온 초등학생처럼 문간에 서 있지 말라. 문을 지나칠 때 속도를 줄이면 안 된다. 자신감이 없는 사람은 입구에서부터 어기적거리며 걸음 속도가 느려진다.

3. 접근

상대가 통화 중이든, 서랍을 뒤지고 있든, 구두끈을 묶고 있든 상관하지 말고 자신만만하게 천천히 다가가라. 서류가방이나 서류철 등 손에 들고 있던 물건을 전부 내려놓고 상대와 악수를 나눈 후 바로 자리에 앉아라.

남의 사무실에 당당히 걸어 들어가는 데 아주 익숙한 사람인 것처럼 자신감 있게 행동하라. 천천히 큰 보폭으로 걸으면 시간이 남아돌거나, 딱히 할 일이 없거나 혹은 자신이 지원한 일에 별로 관심이 없는 사람처럼 보인다. 그런 걸음걸이는 힘과 권위, 능력을 표시해야 하거나 건강한 배우자감이라는 사실을 과시해야 하는 사람에게 어울리지 않는다. 영향력 있는 인물이나 주변의 이목을 끄는 사람들은 적당한 보폭에 알맞은 속도로 힘차게 걷는다.

4. 악수

손바닥을 똑바로 펴고 상대방이 당신의 손을 쥐는 만큼의 힘으로 상대의 손을 힘주어 잡아라. 악수를 끝내는 시점은 상대에게 맡겨라. 당신이 직사각형 책상의 왼쪽에서 접근하면 당신의 손바닥이 아래로 향하는 것을 막을 수 있다. 책상을 가로질러 악수하는 것은 피해야 한다.

5. 착석

상대를 정면으로 마주보는 자리에 앉아야 한다면 상대로부터 45도 각도로 비스듬히 앉아 질책 당하는 분위기가 되는 것을 피해라. 의자의 각도를 돌릴 수 없다면 몸이라도 살짝 틀어라.

6. 자리

만약 상대가 당신을 다과용 탁자 같은 편안한 자리로 안내한다면 좋은 신호다. 업무상으로 거절을 해야 한다면 95퍼센트 이상이 딱딱한 책상 앞으로 당신을 안내할 것이다. 어떤 경우에도 몸이 푹 꺼지는 소파에는 절대 앉지 말아야 한다. 잘못 하면 몸이 푹 꺼져 길쭉한 다리 한 쌍에 작은 머리통 하나가 달린 듯 보이기 때문이다. 어쩔 수 없는 상황이라면 자신의 몸짓을 통제할 수 있도록 몸을 똑바로 세운 채 가장자리에 살짝 걸터앉고 상대와 45도 각도를 유지하라.

7. 몸짓

침착하고 때론 냉정해 보이기까지 하는, 감정 절제에 능숙한 사람들은 몸짓도 단정하고 용의주도하다. 사회적 지위가 높은 사람은 그렇지 않은 사람보다 몸짓을 적게 사용한다. 오래전부터 권력자들은 협상에 임할 때 몸을 적게 움직이는 전략을 사용했다. 동유럽 사람들은 손짓을 할 때 주로 팔꿈치 아래를 많이 움직이고 남유럽 사람들은 팔 전체와 어깨를 많이 움직인다. 그리고 적당한 순간에 상대방의 몸짓과 표정을 따라하는 것도 좋다.

8. 거리

상대방의 개인 공간을 존중해야 한다. 보통 상대를 처음 만나는 순간이 지켜줘야 할 개인 공간도 가장 넓다. 당신이 너무 가까이 다가

가면 상대방은 뒤로 물러앉았거나, 몸을 뒤로 젖히거나, 손가락을 두드리는 등의 몸짓을 보일 것이다. 남자와 여자가 함께 일할 때, 남자는 여자 쪽으로 다가가는 반면 여자는 뒤로 물러난다. 상대가 동년배인 경우는 가까이 다가가고 나이차가 많이 날 경우 멀리 떨어지는 편이 좋다.

9. 퇴실

침착하게 소지품을 챙기고 가능하면 악수를 나눈 후 돌아서서 나와라. 들어갈 때 문이 닫혀 있었다면 나갈 때도 닫는 것이 좋다. 당신의 등 뒤를 항상 지켜보는 눈이 있다는 것을 명심하라. 구두를 닦을때 뒤쪽은 빠트리는 남자가 많은데, 여자들은 그곳까지 확인한다. 여자들은 단정한 뒷모습을 보이기 위해 발이 문을 향하게 한 후 옷차림과 머리를 매만지기 시작한다.

앞에서 언급했듯이 몰래 카메라 촬영을 해보면 사람들은 항상 자리를 떠나는 당신의 뒷모습을 살핀다. 문을 나서기 직전에 천천히 돌아서서 미소를 지어라. 엉덩이보다는 미소로 기억되는 편이 낫다.

멍하니 기다리지 말라

상대가 약속 시간에 20분 이상 늦는다면, 계획성이 없는 사람이거나 혹은 당신과 파워게임을 하려는 것이다. 상대를 기다리게 하는 것은 자신의 지위는 높이면서 상대의 지위를 깎아내리는 효과적인 방법이다. 식당이나 극장 앞에 줄지어 서 있는 사람들도 마찬가지다. 충분히 기다릴 가치가 있다고 생각하는 것이다. 그렇지 않다면 누가 줄을 서서 기다리겠는가?

오래 기다릴 때는 책이나 노트북 혹은 업무 서류를 꺼내 당신도 함부로 대할 수 없는 바쁜 사람이라는 인상을 주는 게 좋다. 상대가 나타나면 먼저 말을 걸 때까지 기다렸다가 천천히 하던 일에서 시선을 들어 인사를 나눠라. 그리고 자신감 넘치는 태도로 천천히 소지품을 챙겨라. '나는 매우 바쁜 사람이다. 당신이 그런 식으로 약속을 어기고 기다리게 해도 되는 사람이 아니다.'라는 분명한 메시지를 전달하는 것이다.

상대방이 회의나 대화 도중 전화를 받거나 제3의 인물과 오래 대화를 한다면 갖고 있는 책이나 서류를 꺼내 놓고 읽어라. 그러면 상대에게 편하게 이야기하라는 뜻을 전할 수 있고 당신도 시간 낭비를 줄일 수 있다.

나 자신까지 속여라

손을 얼굴에 갖다 대는 몸짓을 피하면 거짓말을 들키지 않을 수 있을까? 그렇지 않다. 스스로 거짓말을 하고 있다는 사실을 인식하면 손바닥에 땀이 나고 볼이 씰룩거리고 동공이 수축되기 때문이다. 최고의 거짓말쟁이는 본인의 연기에 푹 빠져 자신이 한 거짓말을 진실로 믿는다. 이런 능력이 뛰어난 배우는 틀림없이 대성할 것이다.

그렇다고 거짓말쟁이가 되라고 부추기는 것은 아니다. 다만 이 책에서 배운 긍정적인 기술들을 열심히 훈련하면 매우 유용하게 활용할 수 있다는 뜻이다. 예를 들어 면접에 임할 때 스스로를 능력 있다고 생각해 보자. 자신을 당당하고 성격이 활발한 사람이라고 생각하고 거기에 맞는 행동을 꾸준히 연습하면 좋은 결과를 얻을 수 있다.

회의에서 승리하는 7가지 전략

1. 일어서서 진행하라

신속한 결정을 내려야 하는 회의는 일어서서 진행하라. 연구에 따르면 앉아 있을 때보다 서 있을 때 대화가 빨리 끝난다. 일어서서 회의를 진행하는 사람은 앉아 있는 사람들보다 지위가 높아 보인다. 누군가 사무실로 들어올 때마다 자리에서 일어나 대화를 하는 것도 시간 절약에 도움이 된다. 아예 사무실에서 손님용 의자를 없애는 것도 좋은 방법이다. 의례적인 인사나 사교적인 대화를 하느라 시간을 낭비하는 일이 줄어들 것이다.

2. 경쟁자는 문을 등지고 앉게 하라

열린 공간을 등지고 있으면 압박감을 느끼고 혈압이 높아지고 심박이 빨라진다는 것이 여러 연구를 통해 밝혀졌다. 또 뒤에서 닥칠지도 모를 위험에 대비하느라 숨이 가빠진다. 그러므로 경쟁자의 자리로 내주기에 최적이라고 할 수 있다.

3. 손가락을 모아라

손짓을 하면서 말을 할 때 손가락을 모으고 양손은 턱선 위로 올리지 말아야 한다. 손가락을 벌리거나 손을 턱 높이 위로 들어 올리면 힘 없고 약한 사람으로 보일 수 있다.

4. 팔꿈치는 바깥을 향하게 하라

의자에 앉을 때는 팔꿈치를 밖으로 향하거나 의자 팔걸이에 올려라. 온순하고 소심한 사람들은 자신의 몸을 보호하기 위해 팔꿈치를 몸통에 붙이는데 상대방에게 겁을 먹고 있다는 인상을 준다.

5. 강력한 단어를 사용하라

캘리포니아대학교 연구진은 영어에서 가장 설득력 있는 단어가 '발견discovery, 보장quarantee, 사랑love, 입증된proven, 결과result, 절약하다save, 쉽다easy, 건강health, 돈money, 새로운new, 안전safety, 당신you' 등이라는 사실을 발견했다. 영어로 말할 때 이 단어들을 사용하는 연습을 하라.

6. 서류가방은 가볍게

자물쇠가 달린 납작한 서류가방을 들고 다니면 최종 결정만 하면 되는 높은 사람으로 보인다. 반면에 커다랗고 터질 듯한 서류가방을 들면 온갖 일을 혼자 하면서도 계획성이 없어 제시간에 끝내지 못하는 사람처럼 보인다.

7. 외투 단추를 살펴라

사측과 노조가 협상하는 장면을 촬영해 분석해 보면 양쪽 모두 외투나 셔츠 단추를 풀고 있을 때 합의에 도달하는 경우가 많다. 팔짱을 끼는 사람들은 대부분 단추도 잠그고 있으며 협상에 부정적인 경향이 있다. 회의 도중 상대가 상의 단추를 푼다면 마음도 함께 열었다고 보면 된다.

사무실에서의 파워게임

면접장에 앉아 있다가 압도적인 분위기에 무력감을 느낀 적이 있는가? 면접관은 너무도 대단하고 훌륭해 보이는데 자신은 한없이 작고 초라하게 느껴진 적이 있는가? 만약 그런 경험이 있다면 면접관이 자신의 지위와 권력을 과장하고 당신의 지위와 권력은 하찮게 보이도록 교묘하게 가구를 배치했을 수도 있다. 의자의 종류와 놓는 위치를 조정하면 얼마든지 지배적인 분위기를 만들 수 있다.

의자를 이용해 높은 지위와 강한 권력을 가진 것처럼 보이게 하려면 의자의 크기와 장식, 의자의 높이, 의자의 위치, 이 3가지를 고려해야 한다.

1. 의자의 크기와 장식

의자 등받이의 높이에 따라 사람의 지위가 달라 보인다. 등받이가 높은 의자에 앉은 사람일수록 더 큰 권력과 높은 지위를 가진 것으로 인식된다. 그래서 기업의 경영자는 등받이가 높은 가죽 의자에 앉고 방문객에게는 등받이가 낮은 의자를 내준다. 여왕이나 교황이 등받이 없는 작은 피아노 의자에 앉는다면 얼마나 초라해 보이겠는가?

회전의자는 고정의자보다 더 많은 권력과 높은 지위를 상징한다. 회전의자는 자유롭게 방향을 바꿀 수 있지만, 고정의자는 방향을 바꾸기 힘들다. 고정의자에 앉은 사람은 이런 저런 몸짓을 하다가 자신의 감정과 태도를 노출하게 된다. 팔걸이 있는 의자, 등받이가 기울어지는 의자, 바퀴가 달린 의자는 더 큰 권력을 상징한다.

2. 의자의 높이

다른 사람보다 얼마나 높은 의자에 앉는가에 따라 지위가 달라 보인다. 기업 임원들 중에는 의자를 최고 높이까지 조정해서 앉고 손님이나 부하직원에게는 눈높이가 책상에 겨우 닿을까 말까 할 정도로 낮은 소파나 의자를 권하는 사람도 있다.

3. 의자의 위치

앞에서 좌석 배치를 설명하면서 언급했듯이 방문객을 최대한 압박하고 싶다면 손님용 의자를 경쟁적 위치에 놓으면 된다. 파워게임을 한다면 상대의 의자를 최대한 자신의 책상과 멀리 떨어진 사회적 거리나 공적 거리에 배치하면 상대의 지위를 더욱 끌어내릴 수 있다.

탁자 위의 영역 구분

두 사람이 탁자를 가운데 두고 마주 앉으면 무의식적으로 탁자를 반으로 나눠 절반씩을 자기 영역으로 삼는다.

상대에게 당신의 의견이나 아이디어를 제안할 때 '모서리 위치'가 가장 유리하다고 앞서 말했지만, 모서리 위치를 차지하기 어려운 상황도 있을 것이다.

어쩔 수 없이 직사각형 탁자를 중심으로 마주앉은 상대에게 서류나 견적서, 견본 등을 제시하게 되었다고 가정하자. 그럴 때 먼저 탁자 위에 자료를 내려 놓아라. 그러면 상대방이 몸을 기울여 자료를 살펴본 다음 자기 영역으로 가져가든지 아니면 당신 영역으로 밀어놓을 것이다.

경계선 위에 서류를 놓는다.

만약 상대가 자료를 보기 위해 몸을 기울였지만 자료를 집어들지 않는다면, 당신이 자기 영역으로 오는 것을 원하지 않는다는 뜻이므로 현재 앉아 있는 자리에서 설명하는 것이 좋다. 설명을 할 때 정면으로 마주하기보다는 45도 정도로 몸을 틀어주는 것이 좋다.

만약 상대가 자료를 자기 영역으로 가져간다면 상대에게 가까이 가도 되느냐고 양해를 구한 뒤 '모서리 위치'나 '협조적 위치'로 이동하면 된다.

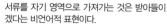
서류를 자기 영역으로 가져가는 것은 받아들이 겠다는 비언어적 표현이다.

자신의 영역 안으로 들어와도 좋다는 비언어적 허락

그러나 상대가 자료를 본 다음 다시 당신의 영역으로 밀어낸다면, 당신은 제자리에 머물러 있어야 한다. 상대가 자신의 영역으로 와도 좋다는 말이나 몸짓을 하기 전에는 절대 상대의 영역을 침범해선 안 된다. 그랬다가는 상대를 불쾌하게 만들어 회의를 망칠 수 있다.

의자에 앉아 분위기 바꾸기

상사인 당신이 업무 성과가 만족스럽지 못한 부하직원을 불러 면담을 한다고 가정해 보자. 직접적으로 문제점을 지적해야 하는 부담스러운 상황이다. 경우에 따라 부하직원의 처지에 공감하고 이따금 그의 의견이나 행동을 인정도 해줄 필요가 있을 것이다.

이때 면담이 이루어지는 현장의 상황은 다음과 같다. 첫째, 면담장소는 당신 사무실이다. 둘째, 부하직원은 팔걸이가 없는 고정의자에 앉을 것이다. 그래야 직원의 몸짓과 자세를 보면서 당신에 대한

직원의 태도를 파악하기 쉽다. 셋째, 당신은 팔걸이가 있는 회전의
자에 앉기 때문에 자유롭게 움직일 수 있다.

　면담을 할 때 당신이 취할 수 있는 자세는 3가지다. 상대와 서로
45도 각도를 이루는 '삼각형 자세'로 앉으면 편안하고 개방적인 태

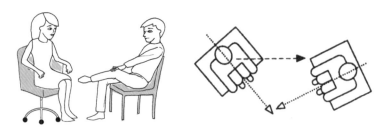

▌ 면담을 시작할 때 상대와 45도 각도로 앉으면 편안한 분위기를 유도할 수 있다.

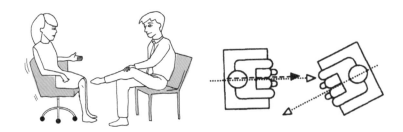

▌ 서로 마주 보고 앉으면 진지한 분위기를 조성할 수 있다.

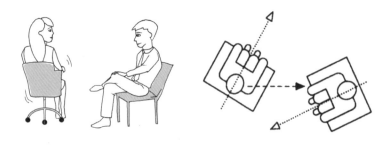

▌ 상대를 등지듯이 45도 각도로 앉으면 긴장감을 풀 수 있다.

도로 면담에 임할 수 있다. 이런 자세로 상대의 동작과 몸짓을 따라하면 말 한 마디 하지 않고도 동의를 표할 수 있다.

의자를 돌려 상대를 정면으로 마주하면 당신이 하는 질문에 상대가 솔직히 답해주기를 원한다는 뜻을 전달할 수 있다. 회전의자를 돌려 상대방의 반대쪽을 향해 45도 각도로 앉으면 긴장된 면담 분위기를 완화할 수 있다. 이것은 민감하고 난처한 질문을 할 때 적절한 자세로, 상대에게 압박감을 주지 않으면서 솔직한 대답을 유도할 수 있다.

사무실 배치 바꾸기

여기까지 이 책을 읽었다면 사무실을 자신이 원하는 대로 영향력과 통제력을 과시하는 분위기 또는 편안하고 우호적인 분위기로 바꿀 수 있을 것이다. 지금부터 사무실 배치를 바꿔 관리자와 부하직원의 관계를 개선한 사례를 살펴보자.

대형 금융 회사에 다니는 존은 관리자로 승진하여 개인 사무실을 배정받았다. 그러나 몇 달이 지나 부하직원들이 자신을 불편해 하고 자신의 사무실에 들어오면 상당히 긴장한다는 느낌을 받았다. 직원들은 자신의 지시도 잘 따르지 않는데 뒷담화까지 하고 다닌다는 소문이 들렸다. 보디랭귀지에 집중하기 위해 존의 부하직원 관리 능력은 논외로 하고 철저히 비언어적 측면에만 관심을 집중하겠다. 우리가 관찰한 결과, 존의 사무실은 절대 의사소통이 잘될 수 없는 구조였다. 존의 사무실을 관찰한 결과를 요약하면 다음과 같다.

1. 손님용 의자가 존과 '경쟁적 위치'에 놓여 있다.
2. 외부로 통하는 창문과 직원들의 근무 공간과 연결된 유리 파티션을 제외하면 사무실 벽은 전부 단단한 나무로 되어 있다. 존과 직원들은 유리 파티션을 통해 서로 일하는 모습을 관찰할 수 있다. 사무실 내부가 고스란히 노출되어 존의 권위가 낮게 느껴지는 반면, 손님용 의자에 앉은 직원은 밖에 있는 동료 직원들의 든든한 지원을 받는 느낌이 든다.
3. 존의 책상은 앞면이 막혀 있어 그의 하체가 가려진다. 따라서 부하직원들이 존의 하반신이 나타내는 감정이나 생각을 판단하는 것이 불가능하다.
4. 손님용 의자가 출입문을 등지고 있다.
5. 존은 부하직원 앞에서 양손으로 뒤통수를 받치는 자세나 의자 팔걸이에 다리 올리는 자세를 자주 취한다.
6. 존의 의자는 등받이가 높고, 팔걸이가 있으며, 바퀴가 달린 회전의자다. 그러나 손님용은 팔걸이도 없고, 등받이도 낮은 고정의자다.

사무실을 이용하는 사람과 비언어적 소통의 측면에서 볼 때 존의 사무실은 재앙에 가까웠다. 누가 사무실에 들어오든 적대적인 기분이 들 수밖에 없었다. 직원들이 존에게 친근감을 느낄 수 있도록 우리는 다음과 같이 바꾸었다.

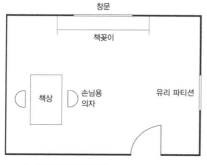

존의 기존 사무실 배치도

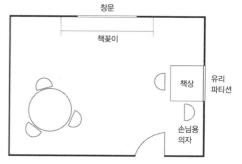

새롭게 바뀐 사무실 배치도

1. 존의 책상을 유리 파티션 쪽으로 옮겼다. 사무실도 넓어 보이고 방문자가 들어서면 존의 책상이 아니라 존과 바로 마주하게 되었다.

2. 손님용 의자를 '모서리 위치'에 배치했다. 더 개방적으로 의사소통을 할 수 있고 직원들이 책상 모서리를 방어막으로 삼아 안정감을 느낄 수 있었다.

3. 유리 파티션에 거울 코팅을 했다. 그래서 존은 밖을 내다볼 수 있지만 밖의 직원들은 존을 들여다볼 수 없도록 했다. 자기 공간을 보호할 수 있게 된 존은 권위가 높아졌고 사무실 분위기도 더욱 친밀해졌다.

4. 책상 반대쪽에 낮은 원형 탁자와 회전의자를 비치했다. 자유롭고 편안한 회의를 할 수 있는 공간이 되었다.

5. 기존 구조에서는 방문자가 존의 책상 영역을 절반이나 차지했지만, 변경 후 책상 전체가 존의 영역이 되었다.

6. 존은 개방적인 자세로 앉아 양손 끝을 뾰족하게 마주 대는 자세를 연습했으며, 대화를 할 때 일부러 손바닥을 자주 내보였다.

사무실 배치를 변경한 이후 존과 직원들의 관계가 확연히 개선되었다. 일부 직원들은 존이 성격도 느긋하고 함께 일하기 편한 사람이라고 평가했다.

자신의 지위를 높이고 더 많은 권력과 영향력을 행사하고 싶다면, 집에서나 직장에서나 비언어적 행동에 주의를 기울여야 한다. 또한 사무실 구조가 다른 사람에게 부정적인 신호를 전달하지 않는지 신경을 써야 한다.

지금부터라도 당신 자신과 당신이 근무하는 사무실을 잘 살펴보고 이 책에서 배운 내용을 활용해 긍정적인 변화를 시도해 보자.

몸짓이 바뀌면
인생이 달라진다

위의 그림을 보라. 평범한 코끼리일까? 자세히 살펴보면 분명 이상한 점이 보일 것이다. 사람을 볼 때도 상대방을 바라보면서도 정작 중요한 속마음은 보지 못한다.

보디랭귀지도 마찬가지다. 인간이 보디랭귀지를 사용한 지 1백만 년이 넘었지만 본격적인 보디랭귀지 연구는 20세기 말에 와서야 시작되었다. 이제야 보디랭귀지에 주의를 기울이고 있다. 지금은 전 세계 사람들이 보디랭귀지에 관한 정식 교육을 받기도 하며 직장과 가정, 인간관계에 활용하고 있다.

보디랭귀지가 바뀌면 인생이 달라진다. 외출 전에 스스로 기분전환을 할 수 있고, 직장에서 자신감을 가질 수 있고, 설득력 있는 사람이 될 수도 있다. 사람을 대하는 태도가 달라져서 상대방의 반응도 달라질 것이다.

처음에는 '대화를 하면서 나의 몸짓을 신경 쓰고 게다가 상대의 몸짓까지 살피라니, 말이 되는 소리인가?'라는 의문이 들 수도 있다. 그러나 인간의 뇌에는 보디랭귀지 신호를 읽어낼 수 있는 능력이 이미 각인되어 있다. 마치 자전거를 배우는 것과 비슷하다. 처음에는 두렵고 몇 번 넘어질 수도 있겠지만 금방 능숙해질 것이다.

상대의 몸짓을 읽고 속마음을 꿰뚫어보는 기술이 타인을 마음대로 조종하고 속이는 것이 아닌가 걱정하는 사람도 있을 것이다. 그러나 보디랭귀지를 활용하는 방법을 배우는 것은 상황에 맞는 옷을 골라 입거나, 적당한 말로 자신을 멋지게 소개하는 일과 크게 다르지 않다. 다른 점이 있다면 의식적으로 학습하여 다른 사람에게 더 좋은 인상을 남길 수 있는 유익한 기술이라는 것이다.

마지막으로 보디랭귀지를 통해 다른 사람에게 긍정적인 인상을 줄 수 있는 핵심 7가지를 간단히 정리해 보았다.

매력적인 보디랭귀지의 7가지 비밀

- **얼굴** : 활기찬 얼굴로 자주 미소를 지어라. 웃을 때는 이가 보일 정도로 활짝 웃어라.
- **몸짓** : 과장된 몸짓은 피해야 한다. 그리고 팔짱을 끼거나 다리를 꼬지 않도록 주의해야 한다.
- **머리** : 말을 할 때는 고개를 3번 끄덕이고, 말을 들을 때는 고개를 살짝 기울여라.

- **눈빛** : 시선을 피하는 사람보다 시선을 주고받는 사람이 더 큰 신뢰를 얻는다.
- **자세** : 말을 들을 때는 몸을 앞으로 기울이고, 말을 할 때는 몸을 똑바로 세워라.
- **영역** : 서로가 편안한 거리만큼만 상대에게 다가가라.
- **흉내내기** : 자연스럽게 상대의 몸짓을 흉내내는 것은 친근감과 신뢰를 표현하는 방법이다.

강력한
이유는

강력한
행동을
낳는다.

윌리엄 셰익스피어

THE DEFINITIVE BOOK OF BODY LANGUAGE

당신은 이미 읽혔다(개정판)

초판 1쇄 발행 2012년 11월 30일
개정 1쇄 발행 2023년 2월 28일
개정 2쇄 발행 2023년 3월 21일

지은이 앨런 피즈·바바라 피즈
옮긴이 황혜숙
펴낸이 유정연

이사 김귀분
기획편집 신성식 조현주 유리슬아 이가람 서옥수 황서연 **디자인** 안수진 기경란
마케팅 이승헌 반지영 박중혁 하유정 **제작** 임정호 **경영지원** 박소영

펴낸곳 흐름출판(주) **출판등록** 제313-2003-199호(2003년 5월 28일)
주소 서울시 마포구 월드컵북로5길 48-9(서교동)
전화 (02)325-4944 **팩스** (02)325-4945 **이메일** book@hbooks.co.kr
홈페이지 http://www.hbooks.co.kr **블로그** blog.naver.com/nextwave7
출력·인쇄·제본 성광인쇄 **용지** 월드페이퍼(주) **후가공** (주)이지앤비(특허 제10-1081185호)

ISBN 978-89-6596-560-2 03320